教育部人文社会科学重点研究基地——西北大学中国西部经济发展研究中心支持项目
中国博士后基金特别资助项目（2016T90939）
中国博士后基金面上资助项目（2015M589263）
陕西省优势学科理论经济学支持项目

西北大学经济管理学院博士文库

DEVELOPMENT STRATEGY,
PROPERTY RIGHTS AND LONG ECONOMIC GROWTH

发展战略、产权结构和长期经济增长

李　勇◎著

中国经济出版社
CHINA ECONOMIC PUBLISHING HOUSE
北京

图书在版编目（CIP）数据

发展战略、产权结构和长期经济增长／李勇著．--北京：中国经济出版社，2017.2（2024.1重印）

ISBN 978-7-5136-4489-1

Ⅰ．①发… Ⅱ．①李… Ⅲ．①国有企业-企业发展战略-研究-中国 ②国有企业-产权结构-研究-中国 ③国有企业-经济增长-研究-中国 Ⅳ．①F279.241

中国版本图书馆CIP数据核字（2016）第279079号

责任编辑 焦晓云
责任印制 马小宾
封面设计 华子图文

出版发行 中国经济出版社
印 刷 者 大连图腾彩色印刷有限公司
经 销 者 各地新华书店
开　　本 710mm×1000mm 1/16
印　　张 11.75
字　　数 180千字
版　　次 2017年2月第1版
印　　次 2024年1月第2次
定　　价 55.00元
广告经营许可证 京西工商广字第8179号

中国经济出版社 **网址** www.economyph.com **社址** 北京市东城区安定门外大街58号 **邮编** 100011
本版图书如存在印装质量问题，请与本社销售中心联系调换（联系电话：010-57512564）

总序

经过30多年的改革开放，我国经济发展站在了新的历史起点，经济增长进入新的阶段。我国处于经济增长新阶段的表现为：第一，成为世界第二大经济体。1978年我国GDP总量全球排名第15位，然而在改革开放30多年的进程中，我国的经济增长率持续保持在10%左右，创造了“中国奇迹”。2011年我国GDP为471564亿元，首次超过日本，2015年GDP总量达到676708亿元，已经成为世界第二大经济体，迈入了世界经济大国的行列。我国在迈入经济新阶段后，面临着从经济大国向经济强国转变的根本任务。第二，人均收入进入中等收入国家行列。直到20世纪80年代中期，我国一直是低收入国家，1978年我国人均GDP只有226美元，居全球倒数第2位。经过改革开放30多年的发展，我国人均GDP已达到5.2万元，约合8016美元，排世界第84位。虽然我国已经步入中等收入国家行列，但新的矛盾却日渐凸显，避免陷入中等收入陷阱成为新阶段的首要任务。第三，我国已经步入新型工业化国家行列。改革开放以来，我国大力推进工业化建设，2014年第三产业占GDP的比重超过第二产业，而且PPI连续三年下降，这意味着自2015年起我国开始进入工业化的后期阶段，已经完全实现了从农业国到工业国的转变；随着工业化和城市化进程的加快，我国已步入新型工业化国家行列。在质量型经济发展新阶段，我国将致力于发展新型工业化，也将面临迎接世界第三次产业革命的艰巨任务。第四，经济增长的红利发生了变化。从2011年开始，中国经济增长率逐季下滑，长期支持中国经济增长的体制转轨红利、资源红利、人口红利、对外开放红利都在消退，投资驱动和需求拉动型的经济增长模式走到尽头，未来增长的可持续性受到了挑战，创造经济发展新红利空间的任务迫在眉睫。第五，资源禀赋结构发生变化。在改革开放初期，我国选择粗放型经济增长模式，以自然资源为依托，通过要素投入带动经济总量的增长，形成了“高投入、高污染、高耗能”的生产机制。在经济增长的新阶段，资源禀赋约束作用加强，高投入的生产机制造成了经济增长方式效率低下，制约了经济的长期增长。同时，我国人口老龄化程度加剧，劳动力数量下降且质量不足，人力资源效率低下，劳动力结构的变化影响了经济新一轮增长。因此，我国正面临着从数量型经济增长向质量型经济增长转型的任务，在这一转型中有许多问题需要进一步研究。

在中国经济进入新阶段的背景下，为了进一步推进我院的学术研究和人才培养工作，学院先后启动了“青年教师科研孵化项目”“教师学术沙龙”“青年教师国际化”，以及“西北大学经济管理学院博士文库”等项目，以不断加强青年教师能力建设。“西北大学经济管理学院博士文库”第一期已经完成，激发了年轻教师的积极性，带动了科研和教学活动，效果明显。

学院党政联席会议研究决定，启动“西北大学经济管理学院博士文库”第二期，入选的 13 个选题涵盖了理论经济学、应用经济学和工商管理学科，具体包括李勇博士的《发展战略、产权结构和长期经济增长》、郭晗博士的《结构变化与增长潜力：中国潜在经济增长率的测算及其结构转换路径研究》、王聪博士的《金融发展对经济增长的作用机制》、李伟博士的《我国循环经济发展模式研究》、王敏博士的《基于动态比较优势的增值贸易研究——理论与经验证据》、谢平博士的《中国地方政府债券发行制度研究》、董建卫博士的《风险投资机构的网络位置对投资绩效的影响研究》、石阳博士的《机构持股对上市公司的价值影响研究》、谭乐博士的《基于情景的领导素质理论》和《环境不确定条件下领导者人格类型对领导有效性作用机制研究》、张洁博士的《高新技术企业创新管理能力成熟度模型与提升方法研究》和《企业双元创新模式演进：从封闭式创新到开放式创新》，以及张宸璐博士的《组织柔性对企业创新的影响研究：基于组织双元性视角》。第二期博士文库入选著作主要有以下几个研究方向：

(1)突出制度与经济发展之间作用关系的研究。美国克拉克经济学奖获得者阿西莫格鲁认为，一个国家的经济制度和政治制度可分为汲取性和包容性两类。包容性经济制度的特征包括保护产权、确保法治、市场公平竞争、国家向市场提供公共服务和监管支持等，而汲取性经济制度则在这些方面存在缺失。中国经济实现持续增长、跨越中等收入陷阱，需要由汲取性制度向包容性制度转型。文库第二期中涉及制度与经济发展研究的著作有《发展战略、产权结构和长期经济增长》《金融发展对经济增长的作用机制》《我国循环经济发展模式研究》和《中国地方政府债券发行制度研究》。

(2)探讨在不确定性背景下宏观经济发展趋势、投资策略选择以及微观企业管理问题。不确定性引发的风险问题在现实经济管理中具有深刻的影响。在微观经济学研究领域,不对称信息引发不确定性进而导致市场失灵的问题,一直以来都是研究的热点。在宏观经济学研究层面,不确定性对未来经济增长趋势的影响需要在不同情景模式下开展。在管理学研究中,由不确定性引发的风险管理更是理论界和实务界关注的焦点。第二期文库中的《结构变化与增长潜力:中国潜在经济增长率的测算及其结构转换路径研究》《风险投资机构的网络位置对投资绩效的影响研究》《机构持股对上市公司的价值影响研究》和《环境不确定条件下领导者人格类型对领导有效性作用机制研究》四个选题可归入这一研究领域。

(3)开放视角下的经济管理问题研究。2002 年中国加入 WTO,2015 年人民币加入 IMF 的特别提款权货币篮子以及“一带一路”战略的推行,中国经济在各个层面都将面临更高程度的对外开放,开放经济条件下中国的经济发展和企业管理也将迎来新的挑战和战略选择。《基于动态比较优势的增值贸易研究——理论与经验证据》《企业双元创新模式演进:从封闭式创新到开放式创新》和《组织柔性对企业创新的影响研究:基于组织双元性视角》三个选题分别探讨了开放条件下的贸易和管理问题。

(4)企业管理的新问题与新思考。领导力研究和企业创新能力研究分别从不同角度分析了企业核心竞争力的构建策略,这也是近年来管理学领域要重点分析和探索的问题。当然,一个成熟的有创造力的企业不但需要构建以领导者为核心的组织架构,而且也需要不断培育企业创新能力,唯此才能基业长青。我院工商管理学科团队采用实证分析方法,在领导力和企业创新研究领域形成的著作有《基于情景的领导素质理论》和《高新技术企业创新管理能力成熟度模型与提升方法研究》。

入选第二期“西北大学经济管理学院博士文库”的选题在突出不同学科研究特点的同时,也紧跟学术研究前沿,使用先进的研究方法和工具分析中国本土的经济和管理问题,这是学院近年来所倡导的大问题意识、追求“知行合一”与“顶天立地”的科研精神的集中体现。同时,“西北大学经济管理学院博士文库”也是我院“211 重点学科”、教育部人文社科重点研究基地和“陕西省优势学科”建设的重要成果之一。

西北大学经济管理学院院长、教授、博士生导师

任保平

2016 年 10 月于西北大学

序　一

经济增长和财富积累贯穿于经济学发展的始终，这部分源于理论本身的魅力，部分源于增长理论所产生的巨大推动作用。正如“理性预期”学派的代表人物卢卡斯所指出的那样，“一旦涉足其中，你便不愿旁顾”。

与重商主义强调货币财富和“以邻为壑”的贸易政策不同，古典学派的经济学家认为增加财富的方式主要来源于生产领域。例如，古典学派的代表人物斯密在其著作《关于国民财富性质和原因的研究》中便指出，经济发展和财富增长主要取决于劳动生产力增进，而劳动生产力增进的原因则可以归结为分工。“劳动生产力上最大的增进，以及运用劳动时表现的更大的熟练、技巧和判断力，似乎都是分工的结果。”不仅如此，分工促进了专业化水平的提高，市场规模的扩大，而市场规模的扩大又进一步促进了分工水平的深化，这便是著名的“斯密定理”，即分工水平取决于分工水平。古典学派的大部分经济学家基本上坚持了类似的观点，即经济增长和财富增进来源于生产领域，并进一步形成了著名的“萨伊定律”。

然而，随着财富的集中和生产规模的扩大，私有制和生产社会化的矛盾日益突出，社会生产受到日益频繁的破坏，这在1929—1933年的“大危机”中得到了淋漓尽致的体现。于是，“萨伊定律”受到越来越多的质疑。供给是否会自动创造需求？经济学领域的又一个代表性人物凯恩斯提出了著名的“边际消费倾向假说”“货币需求假说”以及“乘数假说”，并据此分析社会经济的“有效需求不足”和“经济萧条”。这也就意味着：经济增长不仅取决于生产（供给），还取决于需求，经济增长的路径可能是不平衡的。根据这个事实，哈罗德和多马发展出了现代意义上的宏观经济学模型。这两位经济学家在各自的论文中提出了较为类似的模型来解释经济增长路径的非平稳性，他们证明，在要素不可替代的前提下，有保证的增长率、自然增长率和实际增长率很难实现一致。因此,均衡的增长路径是较难实现的,经济增长表现出来的更多的是非平稳的增长路径,即“哈罗德刃峰”。

然而,经济增长真的是非平稳的路径吗?“二战”以后,在凯恩斯需求管理政策的指导下,主要资本主义国家度过了黄金的“二十年”。这一时期,产出平稳增长,人民生活水平稳步上升,这使得经济学家们不得不重新思考哈罗德—多马模型的合理性和经济增长的平稳性。于是,Sollow 和 Swan 在 1956 年分别提出了自己的理解。他们认为:“哈罗德刃峰”存在的根本原因是要素的不可替代性,如果要素是可替代的,那么经济增长的平稳性路径便可以实现。根据这个思路,Sollow 用 C-D 技术替代了里昂惕夫技术,并运用“稳态”和“黄金律”两个概念证明了平稳增长路径和合意平稳增长路径的存在性。

大致来说,Sollow 模型的主要贡献体现在以下两个方面:①经济增长的决定因素。Sollow 模型发现,储蓄率的提高可以提高稳态的资本存量水平和产出,但不能实现持续的增长。人口的增加将降低稳态的人均资本存量水平,因此,人口的增加将只能导致总量意义上的增长。只有技术水平的进步才能够实现人均和总量意义上的持续增长,因此,技术进步是长期经济增长的唯一因素。②经济增长的敛散性问题。根据边际报酬递减规律,资本水平越高,资本的边际报酬将越低。据此可以推论,穷国的增长率要比富国的增长率高。“二战”以后的发达国家经济增长轨迹印证了这一趋势(“俱乐部收敛”)。

后来的增长理论沿着两条主线继续发展:①针对 Sollow 模型储蓄率内生不变的假定,一些经济学家将储蓄率内生,探讨了最优储蓄率和消费率的内生决定,分别形成了著名的拉姆齐—卡斯—库普曼模型和戴蒙德世代交叠模型。但不管怎么样,在内生了储蓄率后,经济的平稳增长路径仍然是存在的。②“二战”以后的经济增长不仅表现为北方国家的“俱乐部收敛”,还表现为南北差距的拉大。而从 Sollow 模型本身来看,其核心技术进步也是外生的。针对这个缺陷,后来的经济学家将技术内生,通过内生增长理论探讨技术进步的决定因素,比较有代表性的模型有“规模报酬递增”模型、“干中学”和知识外溢模型以及人力资本模型,这些模型不仅可以解释北方国家的收敛,还可以解释南北收入差距的拉大。

中国长期经济增长的轨迹是在经济和制度不断演变的背景下实现的,

但是回顾经济学的脉络可以发现,主流经济学以既定的经济和制度背景为前提,通过生产函数来讨论经济增长决定因素的逻辑分析框架与我国的经济现实是相去甚远的。正是在这种背景下,李勇博士的博士论文试图分析发展战略和产权结构影响长期经济增长的内生机制。在博士后流动站期间,李勇博士对原来的博士论文进行了扩展,形成这部著作,通读全稿,我认为这部著作有以下几个特点:

(1)研究视角新颖。李勇博士根据林毅夫对发展战略的讨论,将发展战略与经济增长共同的微观基础——企业联系起来,探讨发展战略、产权结构和长期经济增长的关系,这不仅证明了发展战略的阶段适宜性,也证明了国有企业的动态效率。从这一点来说,其研究视角是有一定新颖性的。

(2)概括出了中国长期经济增长的三阶段特征。现有的经济增长研究都是短期分析,缺乏对长期经济增长的历史分析。应该说,要想勾勒出中国近代以来的经济增长轨迹并对其进行解读是不容易的。但是,李勇博士概括出了中国长期经济增长的"三段式"特征,并将这"三段式"特征用四个问题进行概括,而后进行解答,尽管在我看来这些观点还有待商榷,但还是有其独到之处的。

(3)把实证分析与长期经济增长的历史分析相结合。逻辑实证分析具有直观性,而历史具有曲折性,如何把两者结合是当前中国经济增长研究亟待解决的问题。本书通过严格的数理模型和实证的办法证明了国有企业的动态效率,符合逻辑实证主义的构建规则。李勇博士还通过长期历史归纳分析和案例分析,为我们勾勒出一幅中国1840年以来长期经济增长轨迹的画卷,这在过度强调实证分析的今天是尤为难能可贵的。

李勇博士2003年进入西北大学,念完了硕士和博士,于2013年留校任教,并在我的指导下继续进行博士后研究。在求学和工作期间,李勇博士刻苦研习,大胆创新,通过自己的努力申请了中国博士后特别资助项目、面上资助项目以及陕西省社科基金等多项省部级基金,在国内知名的权威、核心刊物上就转型经济学和发展经济学的若干问题发表论文多篇,我希望他再接再厉,在以后的教学和科研中取得更大的成绩。

西北大学经济管理学院院长、教授、博士生导师

任保平

2016年7月4日于西安

序　二

始于2008年的“次贷危机”不仅沉重打击了美国的实体经济，而且刮起了世界性的“金融风暴”，而处于全球化浪潮前沿的中国自然也不能独善其身。2008年以后，我国传统发展模式所隐含的深层次问题逐渐暴露，收入差距逐渐拉大，结构失衡日趋严重，制造业转型升级困难，中国进入了“新常态”时代。那么，继续深化改革，改善制约经济持续增长的深层次体制问题便成为我国跨越中等收入下降，实现由大国“向”强国转变的必经选择。

要做到“对症下药”、完成上述目标的前提便是要了解中国曾经发生了什么。这个道理人人知道，但真正能做到又是何其之难。主流增长理论固然精妙，但在既定的制度前提下，主流增长理论将企业假设为一个“黑箱子”，并在一个生产函数中探讨经济增长因素的逻辑分析框架却与我国的经济现实相去甚远。那么，自1840年始，中国都发生了什么呢？正如麦迪逊在《中国的长期经济增长》一书中所概括的那样，中国1840年以来的经济增长可以概括为“三段”，即1949年之前的经济停滞，1949—1978年的有限增长和1978年之后的快速经济增长。

具体来说，1949年之前的近代中国可以说是中华民族的一部屈辱史。这一时期，中华民族的社会精英们摒弃了“天朝上国”的美梦，开始了“国家独立、民族复兴”的政治、经济近代化进程，但这一进程却在外敌入侵、军阀混战和封建残余的联合绞杀下发展得非常缓慢。1949年之前，中国不仅不能造枪、造炮，就连平常所使用的肥皂、火柴等日常生活用品都要依赖进口。我想，对于任何一个有良知、有历史责任感的中国人来说，这样的局面都是不能忍受的。

于是，便有了后面的故事。“十月革命”的一声炮响为在黑暗中探索的我们送来了马克思主义，共产党经过28年艰苦卓绝的奋斗为贫穷善良的中国人民带来了一个新中国，并在此基础上进行经济建设。在这种局面下，主、客观因素的制约使我们选择了一条重工业优先发展的道路。在这一发展战略下，中国建成了门类齐全的工业体系，用30年的时间初步完成了工业化，而这个过程英国人用了150年，美国人用了100年。

然而，重工业的要素禀赋结构与我国的比较优势是相悖的，这使我们不得不通过“三位一体”的政策体系来保证其实施。这种扭曲的政策体系造成了农、轻、重比例的失调，也造成了财政负担，更造成了巨大的“增长拖累”。于是，更加符合我国比较优势的比较优势发展战略应运而生。在这一发展战略下，我们置身于全球化的浪潮中，迅速缩短了与发达国家的距离，实现了30年年均GDP增速接近10%的高速经济增长，不得不说又创造了一个奇迹。

在对以上事实进行回顾的过程中，可以发现“发展战略”和“经济增长”是两个出现频率最高的词汇。经济增长包含了GDP和收入水平的上升，发展战略则包含了特定经济和制度背景下的选择。如果说发展战略能够促进经济增长，那么，它促进经济增长的机制又是什么呢？这便不得不寻找发展战略和经济增长这两个概念的共同中介——企业。这主要是因为，企业不仅是经济增长的主体，还是发展战略的具体执行者。于是，既定发展战略下企业的绩效便成为经济增长实现与否的关键标尺。而从中国具体的现实来看，产权（所有制）构成了企业绩效的重要约束。根据这个逻辑，李勇博士以发展战略、产权结构和长期经济增长为题撰写了这本书，希望为中国1840年以来的长期经济增长轨迹梳理出一个逻辑自洽的理论分析框架。

纵观整部著作，李勇博士基本完成了自己的预设目标，并在多个方面体现出了创新性和研究价值：

首先，研究思路和研究视角新颖。与现有文献注重解释局部经济增长及其影响因素不同，李勇博士用严密的逻辑推理论证了利用发展战略和产权结构这两个概念来解释长期经济增长的合理性，这个研究框架有助于说明在不断变化的经济和制度背景下企业绩效对长期经济增长的影响，从而形成对经济增长理论的新认识。

其次，论证逻辑严谨。李勇博士采用概念—理论模型构建—提出命题—实证检验的思路，依次证明了国有企业的微观动态效率、增长溢出效应、金融溢出效应，然后得出发展战略和产权结构的动态性，并据此解释了我国1840年以来的长期经济增长轨迹,这样的论证过程显得较为严密,论证内容也较为翔实。

再次,通过“治史”和案例分析的方法对1949年之前的经济停滞进行了论述,这在过度强调数据分析的今天是尤为难能可贵的。

最后,采用逻辑推导和实证检验相结合的办法,使书中提出的研究结论具有一定的说服力,这符合主流经济学的论证方法。例如,李勇博士在信息不完全的条件下对企业交易效率演进模型、新兴古典投资—储蓄等模型进行扩展后,得出了相应的研究命题,并利用1985—2009年的省际面板数据进行了实证检验,增强了研究结论的说服力。

这部著作是李勇博士在其论文的基础上修改完成的。李勇博士于2003年进入西北大学国际经济与贸易专业学习,在西北大学完成了硕士研究生、博士研究生的学习并获得学位。在这10多年中,李勇博士在老师的指导下刻苦研读经济学的经典著作,努力夯实研究基础,勤于思考,勇于创新,在研究生期间便申请并完成了1项校级创新项目,并围绕制度转型、产权绩效等主题发表论文20余篇。后来,他在西南财经大学工作了一段时间后回校任教,并在任保平院长的指导下继续进行博士后研究。他一方面通过自己的努力申请到了博士后面上项目、博士后特别资助项目等多项省部级项目,另一方面集中精力对博士论文进行认真的修改,这体现了他严谨的治学态度。我希望他在以往研究的基础上继续努力,在相关经济学领域的研究中取得更大的成绩。

西北大学经济管理学院金融系主任

王满仓

2016年6月23日于西安

目 录

1 导 论

1.1 选题背景和问题的提出

改革开放30多年后的今天,我们回望历史会发现,近代以来(自1840年始)的经济增长轨迹总是那么一波三折、荡气回肠:①在19世纪的前半个世纪,中国还是世界上最富裕的国家,1820年的国内生产总值(GDP)比西欧及其衍生国的总和还要高出近30%。但之后中国的经济增长速度和占世界生产总值的份额开始下降:1820—1949年的人均GDP增长率仅为-0.08%,占世界生产总值的份额也由初始的1/3降至1/20,经济增长几乎陷于停滞(麦迪逊,1999);②1949年以后,在经过了三年(1949—1952年)的恢复性建设后,新中国逐渐摆脱了增长停滞的经济落后状态,并在随后的20多年(1952—1978年)中保持了6.5%的年均GDP增速,但增长速度却逐渐下降,实现了有限增长(赵德馨,2003);③改革开放后(1978年至今),中国经济才实现了真正意义上的持续、高速增长,这一时期(1978—2006年)的年均GDP增速达到9.7%,且经济增长速度逐渐加快,被誉为"经济增长的奇迹"(林毅夫等,1994)。

那么,该如何理解我国近代(1840—1949年)经济增长的停滞呢?又是什么原因使中国摆脱了经济停滞,并在改革开放后实现真正意义上的快速经济增长呢?中国自1840年以来又为什么会表现出这样一波三折的经济增长轨迹?对上述问题进行解答,进而为之提供一个逻辑自洽的理论分析框架并不是一件十分容易的事情。

在已有的解释中,比较优势发展战略为我们理解改革开放30多年来经济增长的奇迹提供了很好的逻辑分析范式。其研究结论是:"发展战略是导

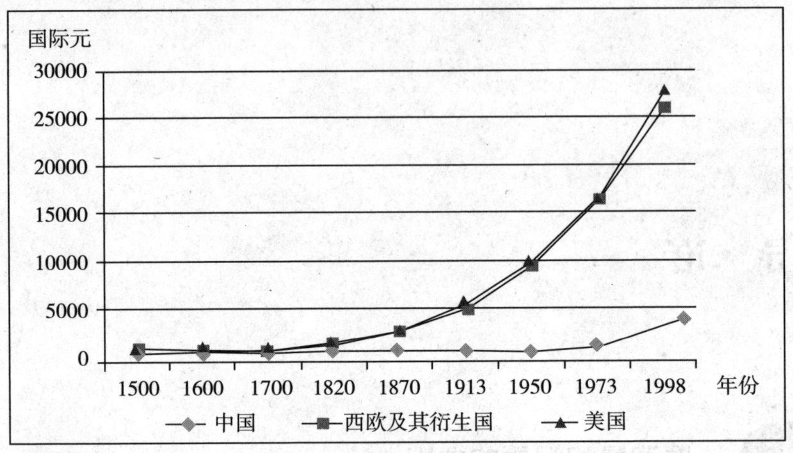

图 1-1 1500—1998 年世界主要区域人均 GDP 趋势图

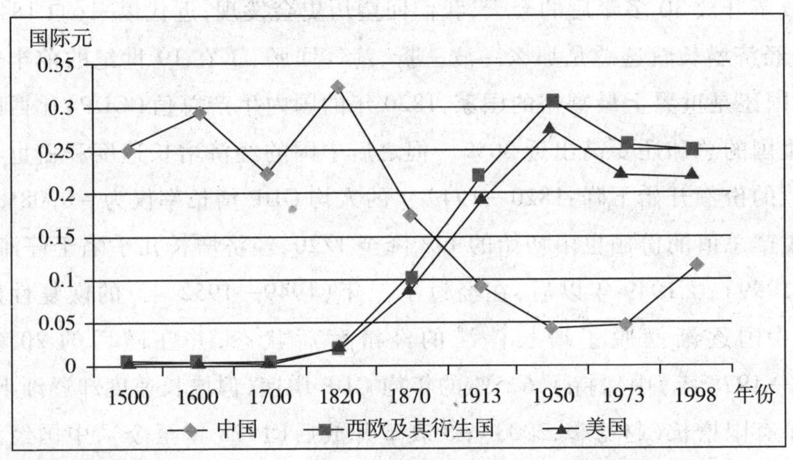

图 1-2 1500—1998 年世界主要国家 GDP 占比趋势图

资料来源:麦迪逊,《世界经济千年史》。

致一国经济增长是否发生收敛的关键性因素,发展中国家与发达国家经济差距的拉大主要源于发展中国家没有选择与自身要素禀赋优势相一致的技术、产业结构”(林毅夫,2002)。这是因为:“一国的人均收入是其技术和产业的函数,发达国家的富裕主要源于它们的技术和产业优势,而要素禀赋结构的差异又构成了发达国家和发展中国家的重要区别,那么如果发展中国家选择与自身要素禀赋优势(劳动力富裕,资本稀缺)不一致的产业进入,该产业在竞争的市场环境下将不具有'自生能力'[①],并进一步阻碍经济增长。如此循环,最终的经济收敛也不会发生"(林毅夫,2002;林毅夫、孙希芳,2003)。这就意味着:如果发展中国家能够根据自己的要素禀赋,按照比较优势选择进入的行业,并培育与之相适应的市场竞争环境,这个国家的行业和企业才具有自生能力。也只有这样,这些具有"自生能力"的企业才能够吸收来自发达国家的先进技术,完成较高的资本积累,最终实现要素禀赋及在其基础上的自生能力的升级和经济增长的收敛(林毅夫,2002)。

诚然,上述逻辑分析范式可以对 1978 年以来的经济增长奇迹进行很好的解释,却是以赶超战略时期国有企业(重工业)的低效率(这是因为国有企业不具有自生能力)为研究前提,然而赶超战略时期"三位一体"的制度体系(扭曲的宏观政策环境、高度集中的资源计划配置制度和没有自主权的微观经营机制)却保证了重工业优先发展战略的实施,并实现了有限的经济增长。很显然,上述逻辑分析框架很难对改革开放前 30 年(1949—1978 年)的经济增长(赶超战略的合理性)做出合理的解释。

笔者认为:国有企业是否有效率需要结合具体的经济和制度环境[②],脱离具体的经济和制度环境抽象地谈论国有企业的低效率,其研究结论的合理性是值得商榷的。那么,结合具体的经济和制度环境,从微观效率和宏观效率两个方面讨论国有企业的动态效率及其临界条件便成为本书的第一个努力方向。

既然国有企业是否有效率需要结合具体的经济和制度环境,那么我们便有理由承认国有企业在具体的经济和制度环境中("三位一体"的制度体系)有力地保证了重工业优先发展战略的实施,从而实现了一定的效率和有限的经

① 在我国的具体经济环境中,自生能力的缺乏具体表现为国有企业的低效。对于其具体原因,大量的文献从软预算约束(Kornai,1986;Dewatripont & Maskin,1995)、政策性负担(林毅夫等,1997)、代理成本(张维迎,1999)和隐性契约(张军,1994)等方面进行了探讨。

② 这一点也得到了国有企业效率相关研究文献的证实。仔细研究国有企业效率的相关文献可以发现:就微观效率来说,大量研究文献基于 2004 年以前的统计数据证实了国有企业低效率这一命题(Groves et al.,1994;Bai et al.,1997;Li,1997;Kong et al.,1999;Zheng et al.,2003;刘小玄等,2003),但近年来的研究成果(张晨、张宇,2011;马荣等,2011)却表明国有企业的全要素生产率在改制后已经有了大幅提高,并超过了非国有企业;从宏观效率来说,国有企业的低效率和增长拖累虽然已经得到了相关研究文献的证实(刘瑞明、石磊,2010;刘瑞明,2011;刘瑞明,2012),但关于国有企业宏观效率的结论同样存在(刘元春,2001a,2011b;黄险峰、李平,2009)。很显然,国有企业效率(微观效率和宏观效率)与否,理论界至今还未形成较为一致的结论。

济增长,这一点也得到了相关研究文献的证实。例如,姚洋、郑东雅(2007)认为:“由于要素迂回生产的特性,重工业相对于轻工业具有正的外部性,而外部性的存在又导致对重工业的私人投资低于社会最优水平,因此必要的补贴和国有企业的产权安排将有利于当时经济的发展。”姚洋、郑东雅(2008)还对上述逻辑进行了实证检验,结果发现,1954—1979年实施赶超战略的过程中,对重工业的平均补贴率为37.37%,比平衡战略资本存量多增加64.7%。

随之而来的一个问题便是:既然赶超战略和比较优势战略均有其合理性,那么又是什么导致赶超战略的不可持续性和发展战略的转变,即发展战略转变的内生机制是什么。笔者认为,要对国有企业进行客观公正的评价,需要从外部性和软预算约束成本综合进行考察。与非国有企业相比,国有企业的软预算约束成本固然高昂,但在弥补外部性方面具有比较优势。于是,在新中国成立的初期,重工业相对于轻工业具有普遍的外溢性,而市场的发育因为战争的破坏和认识能力的限制被扭曲。此时,国有企业的软预算约束成本虽然存在,弥补外部性所产生的收益却超过了软预算约束成本,因此,必要的补贴和国有企业的产权安排可以实现有限的经济增长;随着重工业体系的逐步建立,重工业的外部性逐渐下降,国有企业的软预算约束成本却与日俱增。一旦软预算约束成本超过了弥补外部性所产生的收益,相应的补贴和国有企业的产权安排便会造成国有企业本身的低效率和日益沉重的财政负担①。那么,摆脱国有企业低效率(产权改革),实现发展战略的转变(赶超战略向比较优势战略的转变)——选择与其要素禀赋相一致的产业结构(劳动密集型产业),并建立与之相适应的市场竞争制度(市场化改革)便构成了实现30年快速经济增长的重要原因。

为了考察我国近代以来的总体经济增长轨迹,我们还不得不面对另外一个棘手的问题:近代(1840—1949年)的经济增长为什么停滞?根据罗荣渠(2004)的研究成果,对近代的经济增长停滞可以从“内因论”和“外因论”

---

① 据张杰(1998)的估计,政府给予国有企业的金融补贴在1985—1996年这12年间占GDP的比重达到9.7%,其峰值在1993年更是高达18.81%。于是,在国有企业道德风险和经营绩效低下的情况下,银行向国有企业贷款最终形成了大量的“呆坏账”。由于政府或人民成为这些坏账的最终埋单者,“准财政赤字”便成为一种必然(樊纲,2000)。另外,对国有企业的补贴虽然显著地改善了国有企业的财务报表,但国有企业的效率却并没有从根本上得到改善,大量廉价租金的获取反而使国有企业产生了较为严重的道德风险和逆向选择问题,其经营风险也开始逐渐向金融领域转嫁,并在国有银行内部形成巨额不良资产,即增长拖累(卢文鹏,2002)。

两个方面进行解读。“外因论”将近代经济增长停滞归因于资本主义的渗透和帝国主义的侵略;“内因论”将近代经济增长停滞归因于中国传统文明的落后性、制度的独特性和历史发展的停滞性等。统计资料的缺乏和模型构建的难度,使得上述结论的逻辑认识和应用层面均大大受限。回顾近代以来的相关史实,我们发现,政府的机会主义、产权安排的低效和工业发展的滞后是近代经济增长停滞的重要原因①。

笔者认为,发展战略、产权安排的绩效和政府最优行为②贯穿了近代以来经济增长的始终,近代以来的经济增长轨迹是一个密不可分的整体。赶超战略理论和比较优势发展战略理论虽然可以对部分经济增长轨迹给予很好的解释,却不能对近代以来经济增长的总体轨迹和发展战略转变的内生机制进行说明③。笔者希望能从发展战略、产权结构和政府最优行为三个方面为近代以来的总体经济增长轨迹建立一个逻辑自洽的理论分析框架。

除此之外,我们更应该看到,比较优势发展战略在带给我们巨大经济成就的同时也具有负效应,具体体现在城乡和地区间收入差距的持续扩大、二次产业升级的困难和公共事业的公平缺失等方面。那么,我们又该如何看待已经取得的成就和现在出现的问题呢?选择与自身要素禀赋相一致的行业固然可以使本国企业在短期具有自生能力,但引进发达国家的技术是免费的吗?过度的选择与自身要素禀赋相一致的行业是否会导致贸易条件的恶化和自身竞争优势的下降?很显然,比较优势发展战略还很难对上述问题进行解答。另外,很多学者(陈亮,2011;欧阳晓等,2012)也指出了比较优

① 本书将在第六章进行详细论述。

② 我们强调,发展战略的转变是符合政府最优决策的,主要表现在:a. 赶超战略的实施,不仅有利于总体的经济增长,政府的收入也会相应增加;b. 赶超战略后期国有企业的低效率所产生的巨额财政负担,政府同样不能容忍,故实现发展战略的转变不仅有利于总体的社会福利,还有利于摆脱巨额的“准财政赤字”。

③ 我们发现,除了冯涛、李英东(2009)外,还鲜有文献选择合适的理论框架对近代以来总体的经济增长轨迹进行梳理。冯涛、李英东构建了一个国家、市场和产权的互动式结构对经济增长产生内生作用机制的理论框架,认为只有确立了国家、市场和产权之间良性的互动关系及均衡结构,才能实现一国经济的长期稳定增长。据此,他们将近代(1840—1949 年)经济增长缓慢的原因归结为国家孱弱、腐败,国家和市场的基本职能不能充分发挥;改革开放前 30 年(1949—1978 年)的有限增长归结为国家秩序虽然建立,但市场和产权的激励与约束功能弱化;改革开放后(1978 年至今)的经济增长奇迹归因于国家、市场和产权之间的良性互动。上述分析从产权结构的绩效出发,结合政府和市场的作用,无疑为我们理解近代以来的经济增长轨迹提供了很好的方法论意义,但上述分析仅仅局限于文字层面,还缺乏相应的理论模型。

势发展战略的阶段适宜性，并进一步根据自己的大国经济特征对现有的发展战略进行了调整（如实现从比较优势战略向竞争优势战略的转变），以确保持续的经济增长。但对发展战略进行调整的目标是什么，发展战略下产权安排该做出怎样的调整，上述文献同样难以给出令人满意的回答。为此，本书的第三个努力方向是依托我国转轨经济市场化水平不断深入的制度背景，联系知识产权保护，并在此基础上，充分发挥创新在实现持续经济增长中的重要作用，探讨不同市场化水平下知识产权保护对长期经济增长的作用，借此讨论比较优势发展战略的阶段适宜性和未来发展战略的转变。

本书以“发展战略、产权结构和长期经济增长”为题，试图从一个新的视角对国有企业的动态效率、近代以来经济增长的轨迹和未来发展战略的转变进行说明，具有深刻的理论和现实意义，具体表现在：①对国有企业动态效率的证明，不仅有助于深化人们对国有企业动态效率、所有制与经济发展关系等理论的认识，还对现实中的国有企业改革具有一定的指导意义。②对近代以来经济增长轨迹的解读有助于解答以下问题：近代以来经济增长停滞的原因是什么？如果国有企业是低效的，那么近代以来的工业化任务为什么是由国有企业而不是民营企业来完成的（赶超战略的合理性）？既然赶超战略是合理的，那又是什么导致了赶超战略的不可持续性和进一步的改革，即发展战略转变的内生机制？对这些问题的解答，不仅有利于理论认识本身[①]，还有利于在面临新的十字路口时，选择正确的发展战略，成功地跨越中等收入陷阱，最终实现“大国发展道路”向“强国发展道路”的转变。

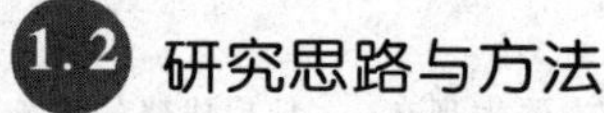

1.2 研究思路与方法

1.2.1 研究思路

本书总体的研究目标，是基于发展战略和产权结构对中国过去、现在和未来的经济增长轨迹给出一个合理的解释。为此，笔者首先希望为近代以来（过去的和现在的）的经济增长轨迹建立一个逻辑自洽的理论分析框架，

① 这包括国有经济在我国经济发展过程中所起的作用，发展战略、产权安排与长期经济增长存在着什么样的关系，发展战略的阶段适应性，发展战略对跨越中等收入陷阱的重要作用等。

其次通过探讨知识产权保护和创新在长期经济增长中的重要作用(非线性关系)来说明未来发展战略和产权结构转变在跨越中等收入陷阱,实现持续、快速经济增长(未来的)中的重要作用。

然而,完成上述研究目标并没有想象中的简单。回顾已有关于经济增长轨迹的解释(以 1978 年改革开放以来的"经济增长奇迹"为例),比较优势发展战略是理解我国经济增长轨迹的逻辑起点,而比较优势发展战略下产权安排的绩效(包括国有企业的低效率和非国有企业的高效率)是理解改革开放 30 年以来"经济增长奇迹"的方法论基础。然而,上述分析以西方成熟的产权理论、代理成本理论为基础,脱离了具体的经济和制度环境,抽象地谈论国有企业的低效率,其合理性是值得商榷的。也正因如此,将比较优势发展战略应用于近代以来总体经济增长轨迹便显得力不从心(因为近代以来的经济和制度环境是不断动态变化的,这决定了发展战略和产权安排的绩效也具有动态性和阶段适宜性)。

针对上述缺陷,本书的研究思路是:首先,依托我国转轨经济市场化不断深入的经济和制度背景,从微观效率和宏观效率两个方面探讨不同市场化水平下所有制结构与长期经济增长之间的非线性关系,证明国有企业效率的动态性;其次,从发展战略、产权结构和政府最优行为三个方面对近代以来的总体经济增长轨迹进行解读;最后,联系知识产权保护以及在此基础上的创新在实现持续经济增长中的重要作用,论证知识产权保护结构与长期经济增长的非线性关系和未来发展战略转变的必要性。

1.2.2 研究方法

为了实现本书的研究目标,笔者综合采用了多种研究方法来论证相应的主题,具体包括:

(1)归纳推理和演绎推理的方法。笔者采用逻辑演绎的方法对相应的研究主题进行推理论证:一方面,根据现有的研究观点和特征性事实,利用归纳推理的方法进行归纳和总结,抽象出相应的研究问题;另一方面,采用标准的数理建模方法对有关问题进行严密的演绎推理,推导出理论命题和研究假说,解释有关问题和相应的特征性事实。

(2)实证分析的方法。为了进一步论证提出的理论命题和研究假说,本书搜集到了中国省级面板和跨国面板数据,利用 Malmquist 生产率指数、面板门限回归模型、面板 GMM 等实证分析方法进行验证,为提出的研究假说提供了相应的经验支撑。

(3)历史归纳的办法。由于近代统计资料获取的难度很大,利用相关数据来支撑相应研究假说的设想被打破。于是,笔者采取了折中的办法,从散乱的历史资料中找到相关的经验证据,通过历史归纳的方法对相应的理论命题进行了论证。

1.3 研究内容与框架

1.3.1 研究内容

在已有研究成果的基础上,本书力图为近代的经济增长轨迹建立一个逻辑自洽的理论分析框架,具体内容包括:

(1)导论。作为全书的起点,本章首先通过历史统计资料描述了近代以来的经济增长轨迹,提出解释近代经济增长轨迹需要解决的三个问题:近代经济增长停滞的原因、赶超战略的合理性和发展战略转变的内生机制。这些问题和现阶段发展战略转变的必要性在现有的研究文献中还找不到答案,从而突出了本书的研究意义。其次,本章介绍了笔者的研究思路与方法、研究内容与框架以及本书的创新之处。

(2)文献综述。根据研究目的,本章对现有发展战略、产权安排和长期经济增长的相关研究文献进行了评述,指出现有文献忽视了发展战略和产权安排的动态性,从而导致其只能解释近代以来的部分经济增长轨迹,而不能对近代以来的总体经济增长轨迹进行描述。同时,也正是因为忽视了这种动态性,才导致现有文献无法合理地认识比较优势发展战略阶段的适宜性和国有企业的动态效率。

(3)产权结构的微观动态效率及其临界条件。本章首先基于相应的统计数据,从微观上证明了国有企业的动态效率,在此基础上,探讨了市场化水平与不同所有制企业绩效及其差异之间的非线性关系。当市场化水平较低时,由于产权结构的固有缺陷,国有企业在市场环境下面临生存困境,与之相对应,市场化水平的提升会对非国有企业产生制度红利,此时市场化水平的提高将导致不同所有制企业生产率差异的扩大;但随着市场化水平的提高,产权改革的充分展开使国有企业的生存困境有所缓解,非国有企业的制度红利也因为国有企业的"挤入"而逐渐下降。于是,市场化水平的提高将导致不同所有制企业生产率差异的缩小。最后,我们利用面板门限回归模型对上述非线性关系进行了验证。

(4)产权结构的宏观动态效率Ⅰ:增长溢出效应及其临界条件。基于现有文献对国有企业低效率和增长拖累的讨论,本章针对国有企业的低效率及其对经济发展的增长拖累,根据更加现实的经济和制度环境,基于信息不对称的前提假设,从生产风险和交易风险两个方面对 Yang 和 Ng(1995)的企业交易效率演进模型进行了扩展,证明国有企业的低效率需要以交易效率较高为前提。当交易效率较低时,生产风险成本占据效率损失的主要方面,国有企业的产权结构将有利于避免生产风险并进一步促进经济增长;反之,则会形成对公共服务及私人投资的挤出效应,形成增长拖累。最后,本章基于 1985—2009 年的省级面板数据,利用面板门限技术对上述命题进行了验证,结论很好地验证了上述命题。因此,应该谨慎地看待国有企业的低效率以及增长拖累。当存在市场失灵及市场缺失(交易效率较低)时,国有企业仍旧不失为一种有效率的产权结构;随着交易效率和分工水平的提高,国有企业的低效率和增长拖累会逐步凸显出来。

(5)产权结构的宏观动态效率Ⅱ:金融溢出效应及其临界条件。针对改革进程中所出现的金融压抑和所有制歧视,本章着重考察了不同市场化水平下金融战略、产权结构和长期经济增长之间的非线性关系。我们继续从生产风险和交易风险两个方面对 Yang(1999)的新兴古典投资—储蓄模型进行了扩展,结果发现:金融深化和产权改革之所以能促进经济增长,得益于不断推进的市场化改革和日益完善的资源配给制度。当市场缺失或失灵、生产风险成为效率损失的主要来源时,金融抑制和传统产权结构仍然有助于弥补私人投资不足,并实现次优的经济增长。在此基础上,本书利用 1997—2007 年中国的省际面板数据,对上述命题进行了验证,结论很好地验证了上述命题。

(6)发展战略、产权结构和政府最优行为。基于对国有企业微观动态效率和宏观动态效率的论证,本章根据外部性和软预算约束对国有企业的增长拖累模型进行拓展,进一步证明了国有企业的动态效率。在此基础上,笔者从发展战略、产权结构和政府最优行为三个方面,对近代以来的经济增长轨迹进行了解读:近代(1840—1949 年)的增长停滞应归因于错误的发展战略、低效的产权结构和政府的机会主义,改革开放前 30 年(1949—1978 年)的有限增长应归因于赶超战略、国有企业和政府的有效补贴,改革开放后(1978 年至今)的快速增长应归因于比较优势战略、民营企业和中性政府。这说明:发展战略和产权结构所依赖的经济和制度环境本身具有动态演变的特征,这导致二者均存在动态性和阶段适宜性。那么,厘清不同经济发展所依赖的经济和制度环境、选择合适的发展战略和产权结构就成为跨越中等收入陷阱、实现长期经济增长的重要条件。

(7)发展战略、产权结构和中等收入陷阱:以知识产权保护结构为例。联系知识产权保护在长期经济发展中的重要作用和现有文献对二者关系的争论,本章首先定义了两种投资品生产(自主创新投资品生产和模仿创新投资品生产)的类型,其次通过剩余索取权的变化探讨知识产权保护水平与长期经济增长之间的非线性关系。结果发现,在交易效率较低、分工经济尚未充分展开的经济发展早期阶段,投资品的生产远离世界技术前沿,那么有利于模仿创新投资品生产的模糊知识产权保护将实现一定的经济增长;随着交易效率的演进和分工经济的充分展开,投资品的生产将逐渐接近世界技术前沿并进一步导致模仿创新促进经济增长的作用逐渐下降。如果没有知识产权保护水平的改进,传统的经济增长模式将面临增长停滞以及中等收入陷阱,那么提高知识产权保护水平,实现发展战略的转变,并使之有利于自主创新投资品生产,将成为实现持续经济增长的必然选择。

(8)结论。本章在对全书内容进行简要回顾的基础上,进一步说明了本书研究的不足,并对未来研究进行了展望。

1.3.2 研究框架

本书的研究框架如图 1－3 所示。

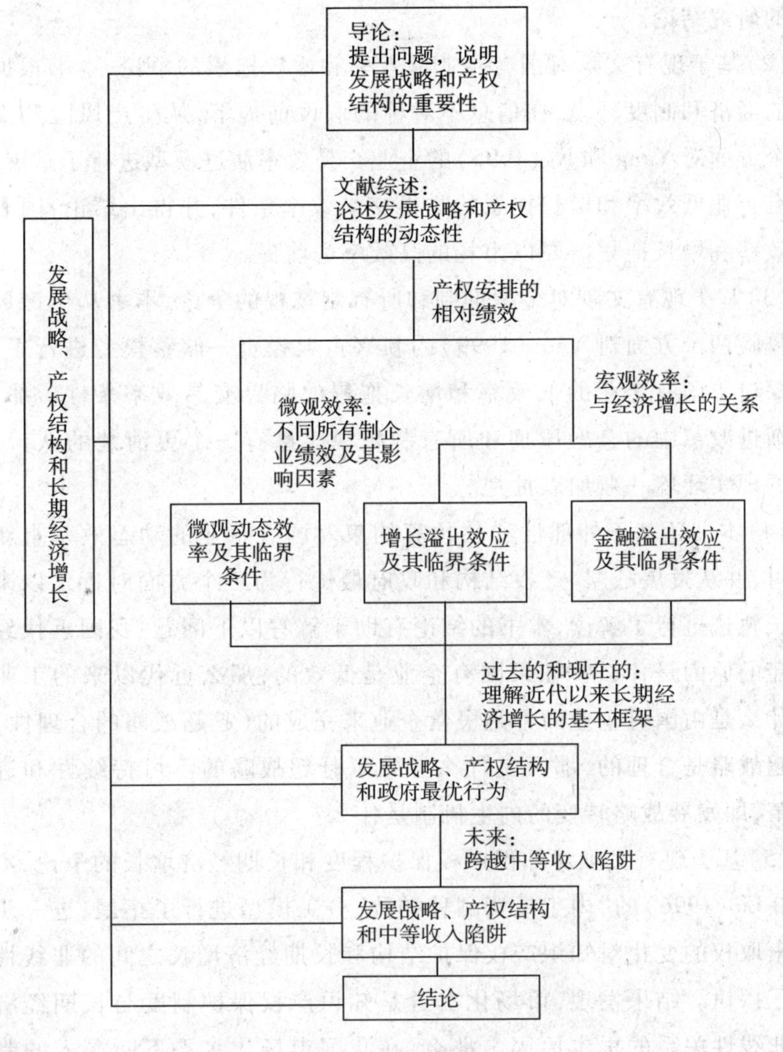

图 1-3 研究框架

1.4 本书的创新之处

与现有文献相比，本书的创新之处具体包括：

(1)基于现有文献对不同所有制企业绩效的探讨。本书利用 Malquist 指数计算出不同所有制企业的全要素生产率，得出不同所有制企业的全要素生产率并不存在显著差异的研究结论。笔者还利用面板门限回归模型对市场化水平和不同所有制生产率及其差异的非线性关系进行了探讨，得出有益的研究结论。

(2)基于现有文献对国有企业低效率和增长拖累的争论,本书根据更加现实的经济和制度环境,在信息不对称的假设前提下,从生产风险和交易风险两个方面对Yang和Ng(1995)的企业交易效率演进模型进行了扩展,得出了国有企业低效率和增长拖累的临界交易效率条件,并得出结论:国有企业的低效率和增长拖累需要以市场的高效率为前提。

(3)基于现有文献对金融抑制和所有制歧视的争论,本书从生产风险和交易风险两个方面对Yang(1999)的新兴古典投资—储蓄模型进行了扩展,重新探讨了国有企业的低效率和增长拖累的临界交易效率条件。那么,我们对渐进改革中的金融压抑和所有制歧视应该有一个更清楚的认识,而不能不顾现实环境一概加以批判。

(4)本书还基于外部性和软预算约束对国有企业的动态效率重新进行了探讨,并从发展战略、产权结构和政府最优行为三个方面对近代以来的经济增长轨迹进行了解读,本书的结论有助于解答以下问题:我国近代经济增长停滞的原因是什么?如果国有企业是低效的,那么近代以来的工业化任务为什么是由国有企业而不是民营企业来完成的(赶超战略的合理性)?既然赶超战略是合理的,那又是什么导致了赶超战略的不可持续性和进一步的改革,即发展战略转变的内生机制是什么?

(5)基于现有文献对知识产权保护程度和长期经济增长的争论,本书对Sun和Lio(1996)的“内生投资品种类数”分工模型进行了拓展,进一步通过剩余索取权的变化对知识产权保护结构和长期经济增长之间的非线性关系进行了探讨。结果发现,市场化本身是知识产权保护制度与长期经济增长呈现非线性关系的根本原因。那么,在我国市场化水平不断深入的制度背景下,提高知识产权保护水平,实现比较优势发展战略向竞争优势发展战略的转变,对持续、快速的经济增长将显得尤为重要。

2 文献综述

2.1 引言

为近代以来的长期经济增长轨迹梳理一个逻辑自洽的理论分析框架绝对不是一件容易的事情。究其原因:一方面,自近代以来我国的经济和制度环境经历了少有的动荡和变化,而以既定经济和制度环境为背景的新古典增长理论与上述研究前提差异甚大,从而制约了其解释力;另一方面,研究制度变迁背景下的经济增长理论往往侧重于局部增长轨迹合理性的解释,而无法从总体上为近代以来的长期经济增长轨迹梳理出相应的理论分析框架。为此,本书提出应从发展战略和产权结构两个方面来分析近代以来的长期经济增长轨迹,这个分析框架不仅可以分析局部增长轨迹的合理性,还能从总体上为近代以来的长期经济增长轨迹建立一个逻辑自洽的理论分析框架。

本书从发展战略、产权结构和政府最优行为三个方面对现有研究文献进行了评述,说明已有关于中国长期经济增长轨迹研究文献的缺陷,并在此基础上通过论证发展战略和产权安排的动态性得出我们的研究起点。

2.2 发展战略

发展战略在经济增长中的重要性是不言而喻的,这一点对后进国家来说尤为重要。正如林毅夫(2002)所指出的那样,"发展战略选择的正确与否是决定一个国家的经济增长是否收敛的重要因素之一。发展中国家在实现长期经济增长的过程中如果采取了错误的发展战略,缩小与发达国家之间的经济差距，进一步实现有限赶超将仅仅是一个‘海市蜃楼’。”然而，对于发展战略的“阶段适宜性”——到底什么是合适的发展战略，不同的经济发展阶段应该采取何种发展战略，理论界并未形成一致性的结论。

2.2.1 重工业优先发展理论

“资本相对稀缺、劳动力相对富裕”的要素禀赋结构是发展中国家的一个重要现实特征。那么，如何在这样的要素禀赋结构下摆脱经济停滞，实现持续的经济增长和经济收敛，以“外部性”为基础的“重工业优先发展理论”首先进行了尝试性的解答。

在著名的《再论市场问题》一书中，列宁对生产资料的种类进行了区分。他认为，生产资料主要分为两部分：一部分用于制造生产资料，另一部分用于制造生活资料。以这种划分为基础，列宁还探讨了资本耗费的补偿和产品实现的问题。这种划分将资本主义生产的一般规律（可变资本的增长速度要滞后于不变资本的增长速度）引入社会再生产的理论和公式中，最终得出“制造生产资料增长速度 > 制造消费资料的生产资料增长速度 > 消费资料增长速度”这一理论命题。在随之而来的社会主义建设中，理论上的生产资料优先增长被重工业优先发展的社会主义工业化路线所代替，指导着苏联的社会主义建设（斯大林，1925）。

诚然，重工业优先发展的重要性毋庸置疑，但这是否意味着一个国家可以只发展重工业？既有的理论和经验显然不支持这一结论。如果一个国家的工业化道路要同时兼顾重工业和轻工业，就涉及轻重工业的比例问题，那么不同的经济发展阶段轻重工业的比例到底应该如何呢？霍夫曼（Hoffman，1931）利用近20个国家的工业结构跨国历史资料，对轻重工业的比例（制造业中资本资料工业净产值和消费资料工业净产值的比例关系，即霍夫曼比例，又称霍夫曼系数）进行了分析。在工业化的初始阶段，资本资料工业的生产还相当滞后，故占主导地位的应该是消费资料工业的生产，此时的霍夫曼系数为5（±1）；随着消费资料和资本资料工业生产的累积，消费资料和资本资料工业的生产将逐步加快，但消费资料工业的生产速度要慢于资本资料工业的增长速度，而在规模上，资本资料却比消费资料小（此时资本资料的生产占次要地位），那么在工业化的第二阶段，霍夫曼系数将逐渐降至2.5（±1）；随着消费资料和资本资料工业生产的进一步累积，资本资料的生产规模逐渐增加,并与消费资料工业的规模大致相同,那么在工业化的第三阶段,霍夫曼系数将进一步降至1(±0.5);到了工业化的第四阶段,消费资料的生产规模逐渐被资本资料工业的生产规模赶上并超过,此时的霍夫曼系数将小于1。

很显然,霍夫曼定理勾勒出了不同经济发展阶段的最优产业结构(轻重工业)比例,尽管理论界对上述定理还未形成一致的研究结论。抛开上述定理成立与否的争论,假设霍夫曼定理是正确的,仍旧无法解释重工业优先发展的缘由到底是什么。那么,在重工业优先发展战略下,提高重工业比例会对经济增长产生什么样的影响?如果影响为正,其背后的内生机制又是什么?

针对上述问题,以普列奥布拉任斯基为代表的“超工业化派”首先给出了自己的解释。“超工业化派”认为:后进国家“资本相对稀缺、劳动力相对富裕”的要素禀赋结构以及国营工业部门微小,使其难以依靠自身积累满足重工业优先发展战略的资本形成需求,从而不能实现快速工业化的目标。为此,普列奥布拉任斯基提出,在过渡时期,存在着社会主义原始积累规律和市场价值规律两个对立的调节者,并且它们有各自的了解范围。从长期来说,随着社会主义改造的完成,社会主义原始积累规律将逐渐取代市场的价值规律。因此,计划和市场从本质上来说是对立的。据此,“超工业化派”主张利用国家的垄断地位,通过“剪刀差”压低农产品的价格、对其他经济成分征收高额赋税和发行“铸币税”等方式进行强制的工业化积累。那么,市场机制(价值规律)将不再对资源配置领域发挥作用。

另外,“超工业化派”的经济学家还从理论上论证了在一个“资本相对稀缺,劳动力相对富裕”的小农经济体中,后进国家如何实现经济增长并最终获得市场的问题及其对社会主义传统经济体制的形成产生了哪些重要影响。费尔达曼根据生产资料优先增长规律构建了社会主义经济增长模型。在这个模型中,长期的经济增长主要依靠重工业综合体(冶金、机械和辅助工业)的推动,而农业只处于从属地位,被动地为重工业提供资本和劳动力。

重工业优先发展固然重要,但重工业优先发展促进经济增长背后的内生机制又是什么呢?相对落后理论(Gerschenkorn,1907)和外部性理论(姚洋、郑东雅,2007,2008)对上述问题进行了解答。

Gerschenkorn(1907)认为,后进国家的政治精英们已经意识到重工业优先发展战略可以使后进国家获得快速的经济增长,并逐步缩小与发达国家的差距,最终实现经济收敛。这些国家在意图推进重工业优先发展战略时却面临着以下经济现实:国家的经济增长持续停滞,经济中的农业从业人口比例较高,且以原始农业为主(农业所需的生产资料极其简陋),农业和总体的人均收入较低,进而使人们只能购买收入弹性较低的产品,并最终导致总需求无法为快速的工业化进程提供原始积累。为此,Gerschenkorn(1907)建议,国家应该利用其垄断地位以自身的需求代替私人需求,为重工业品提供需求,购买重工业品。除此之外,国家还可以通过“超工业化派”所倡导的一些方式(对轻工业产品征收高额赋税、发放“铸币税”)来对重工业进行补贴,这样便可以避免工业化自发演进过于漫长的弊端,从而实现快速的工业化和经济增长。那么,工业化的自发演进为什么会如此缓慢呢?Gerschenkorn(1907)认为,后进国家经济结构(要素禀赋结构)落后,使得私人对重工业产品的需求较小,如果重工业完全由私人投资,其投资规模将低于社会最优投资规模,工业结构的演进也将非常缓慢。因此,只有通过增加重工业的国家需求,促进国家对重工业的投资,后进国家的工业化进程才会加快,并实现快速的工业和经济增长。

然而,Gerschenkorn(1907)的重工业“增长溢出”(重工业优先发展对经济增长的积极影响)的研究结论存在着两个重要的研究前提:①重工业投资越高,越有利于促进经济增长;②私人对重工业的投资需求不足,低于当时的社会最优水平。这两个研究前提为研究重工业的增长效应提供了很好的研究视角,遗憾的是,Gerschenkorn并未对这两个假设背后的逻辑机制进行说明。Hirschman(1958)对上述两个研究前提的内生机制进行了说明。他认为,一个经济体中存在着一些具有较大规模经济的行业,这些行业会与其上、下游行业产生较大的前、后联系,这个前、后联系不仅可以促进上游企业的生产,还可以提高下游企业的生产效率。因此,明智的国家和政府应该优先发展这些行业。基于上述理解我们可以发现,重工业具有Hirschman(1958)所提到的这种特性:一方面,轻工业是重工业的下游行业;另一方面,重工业可以通过向轻工业增加投入品的方式提高轻工业的生产效率。于是,我们得出结论:重工业的增长溢出和私人投资不足源于重工业具有很强的关联效应(外部性)。

根据上述理解,以Mastuyam(1996)的中间投入品模型为基础,姚洋、郑东雅(2007)在同时考虑重工业和轻工业投资外部性的前提下,建立了一个内生中间品种类和最终品种类的动态模型。他们通过比较不同经济系统下(分散经济和计划经济)重工业和轻工业的最优投资规模来考察私人对重工业的投资是否存在不足,以及重工业优先发展战略是否合理。他们还认为,与轻工业相比较,重工业具有生产方式迂回和生产效率较高的特征,因而重工业投资具有正的技术外部性和金融外部性;与之相对应,消费者偏好的多样性使得轻工业仅仅存在正的金融外部性,这就意味着重工业的外部性远远大于轻工业的外部性。也正是由于轻工业的外部性始终低于重工业的外部性,才使得私人对重工业的投资存在不足,并低于社会最优投资规模。于是,在不考虑由于补贴所造成的扭曲效应的情况下,国家对重工业的补贴和重工业优先发展战略便存在着合理性。但随着经济发展的深入,轻工业的外部性和重工业的外部性将逐渐缩小,国家对重工业的补贴也会越来越少。姚洋、郑东雅(2008)还对上述逻辑进行了实证检验,认为"在1954—1979年实施赶超战略的25年间,对重工业的平均补贴率为37.37%,比平衡战略资本存量多增加了64.7%"。

综上所述,我们可以发现,重工业优先发展源于重工业对轻工业的外部性和私人对重工业的投资不足(Hirschman,1958;姚洋、郑东雅,2007),也正是这个原因,使得在经济发展的初期,相应的补贴和产权安排(国有企业)是必要的,而在不同的经济发展阶段,重工业优先发展的比例也不尽相同(霍夫曼,1931)。结合社会主义国家经济发展的相关史实,重工业优先发展战略固然在后进国家经济恢复的过程中起到了举足轻重的作用,但到了一定阶段后,就会面临经济停滞和国有企业效率低下的局面,因而重工业优先发展战略具有不可持续性。那么,生产资料优先发展规律一定是成立的吗?既然重工业的外部性如此重要,重工业优先发展战略又为什么会具有不可持续性?重工业优先发展战略的负效应到底是什么?出于理论和实践上的重要意义,后来的经济学家对上述问题集中进行了思考,并得出较为有意义的研究成果。

2.2.2 比较优势发展战略

很显然,上述研究结论从理论和实证两个方面对重工业的溢出效应和重工业优先发展战略进行了解释。然而遗憾的是,后进国家在实践重工业优先发展战略和快速推进工业化的过程中,不约而同地陷入补贴难以为继和经济停滞的尴尬局面。那么,这又是什么原因导致的呢?

针对重工业优先发展的理论基石——生产资料优先发展规律,鲁济典(1979)首先提出了质疑:生产资料生产优先增长是一个客观规律吗?他认为:"通过资本有机构成不断提高和扩大再生产这两个条件不一定能推导出'生产资料生产优先发展'这一客观规律,这只是其中的一种可能。"无独有偶,吴敬琏(2006)也认为,霍夫曼定律只是对后进国家早期增长阶段产业结构变化的经验总结,现在的产业结构是否按照这个定理变化仍旧是个未知数。

更为重要的是,重工业优先发展战略的重要理论基础——超工业化派,其本身也受到了来自以布哈林为代表的"协调发展派"的质疑。协调发展派指出,工农联盟、农民问题和轻、重工业的协调发展对长期持续的经济增长是十分重要的,农业商品率和农业劳动生产率是实现工业积累和发展,并进一步推进工业化的基础。以牺牲农民利益为代价的工业化,不仅不能得到快速推进,还可能危及无产阶级专政。布哈林主张,工业化的资金应该通过工业的自我积累、征收存款和公开税等正常积累方式取得;社会主义原始价值规律和价值规律不是对立的,原始价值规律不能拖累市场机制;应该通过市场的方式将农村经济引到社会主义轨道上来;农业的快速发展,在扩大轻工业需求、促进轻工业发展的同时,还进一步扩大了对重工业产品的需求。于是,农业的快速发展便为工业化积累了资金,并创造了巨大的市场。

上述研究文献更多的是着重于对某一具体问题的解答,即使某些研究文献(协调发展派)涉及轻重工业比例协调发展的问题,也因为研究方法的局限而使其解释力大打折扣(具体表现为缺乏相应的理论模型来描述其内生机制),更不能对重工业优先发展战略的负效应给予清晰的说明。

鉴于上述缺陷,比较优势发展战略理论以赶超阶段后期国有企业的低效率和进一步的增长拖累为研究背景,着重分析了赶超战略的负效应、不可持续性和实现向比较优势发展战略转变的必要性。其中,林毅夫等(1994)首先分析了赶超战略实行的逻辑起点和其负效应的内生机制,指出:"为了尽快摆脱贫穷落后的经济面貌和实现经济发展的快速赶超,基于苏联在社会主义建设时期所取得的巨大经济成就,新生的人民政权首先选择了重工业优先发展战略。重工业具有建设周期长、投资规模巨大等特点,这使得通过市场机制来获得工业化所需的资金不再可能，建立与重工业优先发展战略相适应的一系列政策制度安排便显得尤为必要（扭曲的宏观政策环境、高度集中的资源计划配置制度和没有自主权的微观经营机制，即‘三位一体’的制度体系）。”

但是，林毅夫（2002）、林毅夫和孙希芳（2003）等学者指出，一国的人均收入是其技术和产业的函数，发达国家的富裕主要源于它们的技术和产业优势，而要素禀赋结构的差异又构成了发达国家和发展中国家的重要区别。如果发展中国家选择与自身要素禀赋优势（劳动力富裕，资本稀缺）不一致的产业进入，那么该产业在竞争的市场环境下将不具有自生能力（国有企业的低效率），并进一步阻碍经济增长。如此循环，最终的经济收敛也不会发生。这就意味着：发展中国家如果能够根据自己的要素禀赋按照比较优势选择进入的行业，并培育与之相适应的市场竞争环境，这个国家的行业和企业就具有自生能力，并易于从发达国家引进技术，维持高的资本积累率，最终实现要素禀赋的升级和经济增长的收敛。

上述分析很好地解释了重工业优先发展战略的负效应和不可持续性。上述研究逻辑以“要素禀赋—自生能力—技术、产业选择—经济增长（收敛）”的思路进行展开，集中论述了在经济发展一开始便选择与其自身要素禀赋优势相一致的产业进入，并培育与之相适应的产权结构和市场体系的重要性。但比较优势发展战略是否与重工业优先发展战略相似，表现出阶段适宜性呢？相关研究成果对比较优势发展战略也提出了质疑，主要表现在经济绩效、竞争能力和产业结构升级三个方面。

（1）比较优势发展战略能否实现与其理论分析相一致的长期、持久的经济增长？从理论上来看，早期的“中心—外围”理论（Prebish，1950；Singer，1950）认为，以比较优势战略为基础进行发展的后进国家将因为更多初级贸易产品的出口恶化该国的贸易条件，从而导致发展中国家的财富外流和经济停滞。而从现实来看，大量初级贸易产品的出口使得我国的价格贸易条件从20世纪80年代起持续恶化，并进一步引起了众多学者对“比较优势发展战略”有效性的质疑（徐建斌、尹翔硕，2002；王佃凯，2002；徐元康，2003；李稻葵，2006）。现阶段，如果根据比较优势发展战略进行决策，将劳动密集型产业作为主导产业并对发达国家出口，将不利于长期经济增长的实现和要素禀赋结构的升级①。

(2)一国实行的比较优势发展战略是否有利于提升其竞争力？后进国家通过采取比较优势发展战略实现长期、持续的经济增长是否有利于竞争优势的实现和竞争力的提升？林毅夫(2012b)对比较优势和竞争优势的概念进行了对比分析。根据Porter(1998)的相关表述，一个国家如果希望在全球经济中获得竞争优势，其产业需要符合以下四个条件：①它们密集使用本国富裕而且相对便宜的生产要素；②它们的产品有很大的国内市场；③每个产业构成一个集群；④每个产业的国际市场是具有竞争性的。依据上述概念，林毅夫(2012b)认为，竞争优势的第一个条件与比较优势相符，而一国只要遵循了比较优势发展战略，第三个和第四个条件也是自动满足的，最后上述四个条件便转化为比较优势和国内市场规模两个条件。另外，一国只要遵循了比较优势发展战略，那么该产业的产品将拥有整个国际市场，从而使比较优势和竞争优势的概念一致。对林毅夫观点的这种解读，有些研究者并不认同。其中，廖国民、王永钦(2003)认为，以要素禀赋为结构的比较优势既不是一国产业竞争力和企业自生能力的充分条件，也不是必要条件。随着经济发展的深入，劳动密集型产业的比较优势将逐步丧失(集中表现为劳动密集型产业的工资水平逐渐提高)，而技术优势的欠缺又使得我国的持续经济增长受到严峻挑战。洪银兴(1997)也认为，单纯的比较优势不能与竞争优势画等号。

(3)一国实行的比较优势发展战略是否有利于要素禀赋和产业结构的升级？郭克莎(2004)认为，比较优势发展战略的一个关键是“能不能实现主导产业和比较优势的转变”。尽管林毅夫(2002)指出“东亚四小龙”通过要素禀赋结构的改善顺利实现了产业结构的升级，但作为一个大国，中国的大国特征(资本稀缺，劳动力极其富裕)使得自己的要素禀赋结构在短期内难以改善，进而造成了要素禀赋结构和产业结构升级的刚性，那是否意味着我国在很长的一段时间内仍将以发展劳动密集型产业为主呢？这显然无助于解决我们现在所面临的问题。就贸易结构而言，要素禀赋和产业结构的升

① 在林毅夫(2012a,2012b,2012c)的研究中，潜在的比较优势才是实现持续经济增长和要素禀赋结构升级的关键，但潜在的比较优势便意味着对静态比较优势的偏离，那么“赶超战略”的失败便可能不是因为企业自生能力的缺乏，而是偏离了比较优势太多。那么，问题争论的焦点便可能从比较优势发展战略是否可行转移到一个国家的经济发展将会偏离比较优势多远上来。

级模式(劳动密集型→资本密集型→技术密集型)是否又会自发地转变呢？答案显然是不能(郭熙保、胡汉昌,2005)。

2.2.3 大国优势战略和竞争优势战略

综上所述,比较优势发展战略的持续性受到了来自现实和理论层面的挑战,更多的学者认为,比较优势发展战略表现出了阶段适宜性(陈亮,2011;欧阳晓等,2010)。陈亮(2011)认为,以要素禀赋为基础的比较优势理论具有严格的前提条件,这包括市场具有充分就业和完全竞争的特性,技术在国际上的流动不存在交易成本等方面,但这些严格的假设前提不仅在发达国家难以满足,而且与广大发展中国家所面临的经济现实大相径庭。这就意味着发展中国家不能从发达国家免费获得技术,技术在国际上的转移是需要成本的。随着技术成为驱动经济增长的主要方式,一旦技术转移遭到来自发达国家的技术壁垒,比较优势发展战略中产业自动升级和经济收敛的机制将不会发生。除此之外,比较优势将技术、创新等要素视为外生的,内生增长理论却证实技术、创新是内生于经济发展过程中的,与一个国家的人力资本水平、知识产权保护程度等因素密切相关,而完全遵循比较优势又不可避免地忽略对人力资本水平和知识产权保护制度的培养。于是,在实现了一定的经济增长之后,中等收入陷阱(技术、创新水平低下—产业升级困难—经济发展停滞)将不可避免。那么,为了避免中等收入陷阱,以着力培育竞争优势、加大创新投入和培育新兴产业为主要内容的竞争优势发展战略将显得尤为必要。

针对比较优势发展战略的逻辑分析范式——要素禀赋—自生能力—技术、产业选择—经济增长(收敛),欧阳晓等(2010)首先基于中国的大国特征,对比较优势发展战略提出了质疑。他们认为:"所谓大国,是指幅员广阔、人口众多、资源丰富和市场潜力大的国家。与小国经济相比较,大国经济在市场潜力、经济规模、资源总量、产品多样性、区域差异性和经济完整性等方面具有明显的优势,进一步导致大国经济发展具有较好的稳定性和系统性。"依据以上大国优势,欧阳晓等(2010)认为,小国固然可以通过比较优势发展战略,借助世界市场实现跨越式发展,但大国经济的"跨越式发展道路"难度更大,大国的经济发展应该遵循大国优势,具有与小国相异的发展规律。那么,基于大国优势的大国发展道路到底表现出怎样的一般规律呢？

欧阳晓等(2010)认为:"大国的经济增长更多的表现出从'劳动投入驱动'向'资本投入驱动'再向'技术知识驱动'转变的规律,任何企图跨越其中的任何阶段以实现'跨越式发展道路'的经济意图都是徒劳无功的。在以数量型增长为主的经济增长阶段,大国依据自己的要素禀赋结构,按照比较优势原则介入国际分工,那么比较优势发展战略将表现出有限适宜性。随着经济发展的深入和分工经济的充分展开,持续的经济增长将表现出从数量型到质量型的转变,那么无论是理论内部的逻辑一致性,还是现实的经验一致性,比较优势发展战略均表现出欠适宜性,并被大国优势所强化。这就意味着:比较优势发展战略表现出阶段适宜性,在实现大国经济增长方式转变的过程中,需要从大国优势出发对传统的比较优势发展战略进行扩展,用扩展的比较优势发展战略(大国优势发展战略)来指导我国的经济转型、要素禀赋结构和产业升级。"

2.3 产权结构的效率:以中国为例

产权在经济中的重要性是不言而喻的(Coase,1960;Alchain,1965;Demsetz,1967;张五常,1970),但到底是私有产权还是国有产权更有效率呢?已有研究文献更倾向于私有产权(Megginson 和 Netter,2001;Djankov 和 Murrel,2002)。那么,国有企业为什么是低效率的呢?我们以中国为例,从国有企业的微观效率损失(包括理论和实证两个方面的讨论)和宏观效率损失两个方面对现有文献进行了归纳。

2.3.1 理论方面的解释

2.3.1.1 软预算约束及其成因

在赶超战略实行的后期,国有企业效率低下(微观效率损失)以及由于政府补贴造成的巨额财政赤字(宏观效率损失)已经对社会主义国家的持续经济增长构成了严重的挑战,并为越来越多的研究学者所认同(Groves et al.,1994;Bai et al.,1997;Li,1997;Kong et al.,1999;Zheng et al.,2003;刘小玄,2003)。与众多非国有企业相比,国有企业的效率为什么总是偏低呢?最著名的解释可以追溯到 Kornai(1986)所提出的软预算约束(Soft Budget

Constraint,SBC)。基于对社会主义经济现实的观察,科尔奈发现,在社会主义经济中,大多数国有企业即使长期亏损,也会因为政府与国有企业"父子关系"的存在而可以不断地从政府手中获得补贴并免于破产,即软预算约束现象。这种软预算约束不仅导致了企业经理的道德风险和银行的呆坏账等,还进一步产生了国有企业的低效率(巨额的财政赤字,即财政风险)和进一步的增长拖累(刘瑞明、石磊,2010;刘瑞明,2011)。那么,导致软预算约束的原因又是什么呢?就中国的实际情况而言,具体包括:

(1)政府的"父爱主义"(Paternalism)。Kornai(1986,2003)认为,政府与国有企业千丝万缕的关系是社会主义国有企业即使长期亏损也不破产的根本原因。一系列的经济现实和后来的研究成果(Dewatripont & Maskin,1995;Dewatripont & Roland,2000;Dewatripont et al.,2000;Maskin & Xu,2001)并不支持上述结论。例如,Dewatripont 和 Maskin(1995)的文章便证实,即使在资本主义经济中,软预算约束同样存在,软预算约束更多的应该归因于再融资的事后无效性,而不是社会主义政府与国有企业的"父子关系"。因此,政府的"父爱主义"既不是软预算约束产生的充分条件,也不是必要条件。

(2)公有产权论。李稻葵(1992)通过构建一个类似于 Dewatripont 和 Maskin(1995)的理论模型,认为社会主义的公有制是产生软预算约束的根本原因。在这个理论模型中,社会主义公有制意味着再融资决策是由政府、银行和企业共同做出的,在信息不完全和信息不对称的假设前提下,企业经理人的私人信息便导致企业再融资决策的事后无效性,进而产生软预算约束。

(3)隐性契约论。张军(1994)在其著名的论文《社会主义的政府与企业:从"退出"角度的分析》中提出,在社会主义经济中,政府往往会对国有企业提供隐性契约,而隐性契约的存在又迫使国家不能自由地退出该合约,那么破产威胁将变得"不可置信",最终结果是:国有企业经理人的道德风险较高,国有企业的生产效率较低,最终政府也无法放弃低效的国有企业,即软预算约束和国有企业的低效率。

(4)动态承诺的不一致性。Dewatripont 和 Maskin(1995)在其论文中通过一个两时期动态模型表达了以下经济思想:如果市场是信息不完全的,在第一期,政府无法对企业的类型("好"与"坏")进行区分,也就导致"坏"企业获得融资的可能性;而在第二期,当"坏"企业的亏损现象被政府或银行识别时,"坏"企业的再融资需求又不能被拒绝(基于损失最小化的原则),那么政府对"坏"企业的再融资决策便是事后无效的。这便证明了即使在资本主义经济中,只要再融资决策中存在着对坏企业的事后无效性,软预算约束现象便会存在。另外,软预算约束在社会主义国家中较为普遍,那么,又是什么原因导致软预算约束在社会主义国家的国有企业更加严重呢? Dewatripont 和 Maskin 认为,与资本主义国家相比,社会主义经济是一个高度集中的计划经济,在做出再融资决策时,它会导致资本主义国家的国有企业交易成本更高,进一步使得社会主义的再融资决策变得部分事后有效,进而有限地硬化资本主义国有企业的预算约束。

(5)政策性负担论。林毅夫及其合作者(1994,1997)在一系列的研究文献中提出,转轨经济中国有企业所承担的大量"政策性负担"是导致社会主义国有企业产生软预算约束的根本原因,那么剥离国有企业的政策性负担,解决国有企业的自生能力问题,便成为硬化国有企业的预算约束、摆脱国有企业低效率的有力途径。依据上述理解,林毅夫、李志赟(2003)还在一个多时期博弈模型的框架下探讨了转轨经济国有企业的政策性负担与软预算约束问题。他们指出,在信息不对称的前提下,国有企业在产权安排上的固有缺陷将导致其产生较为严重的政策性负担和在此基础上的道德风险,从而引起国有企业经理人的努力程度不足和效率低下。另外,软预算约束与企业的公有制性质并无多大关联:如果政策性负担条件相同,与国有企业相比,非国有企业更具有向政府索取补贴的倾向,即更容易产生软预算约束①。

(6)综合论。谢作诗、李善杰(2012)通过一个改进的逆向选择模型将预算约束问题的成因(动态不一致、公有产权及二者的混合因素)梳理到一个统一的框架中来。他们认为,成本分离是软预算约束形成的根本原因。在私有产权下同样存在着成本分离的问题,私有产权的成本分离由信息不对称(交易费用)引起,而既定约束条件下的利益最大化保证了给定信息结构约束下最低程度的软预算约束。与之相对应,公有产权下的成本分离不仅与自身的产权安排相关,还与公有产权相伴而生的高扭曲和高交易费用密

① 林毅夫、刘明兴和章奇(2004)利用 1995 年中国工业普查的数据资料进行了实证分析,结果发现:a."政策性负担"是造成国有企业软预算约束现象存在的重要原因之一;b.所有制对预算软约束的影响在部分回归分析中得到证实;c.负债结构对企业的利息支出有显著的正影响,资产规模则有显著的负影响;d.中央政府干预的行业效应显著。

切相关(公有产权下价格扭曲,交易费用较高),其结果将导致公有产权的交易费用和软预算约束程度更高,这进一步解释了为什么社会主义的软预算约束现象较之资本主义更为严重。

2.3.1.2 代理成本

除了软预算约束以外,考察国有企业效率的另外一个重要视角是代理成本。Zhou 和 Wang(2000)对代理成本进行了量化的定义,认为代理成本可以通过所有者与代理人之间经营的利润差额来定义。据此,他们通过实证分析得知,将近 2/3 的工业资本和 70% 的银行贷款被中国的国有企业所占据,而其产出却只占中国工业产出的 1/2,并通过构建相应的数理模型得出结论:中国的国有企业代理成本高昂。除此之外,张维迎(1999)还讨论了国有企业代理成本高昂的另一个原因:委托—代理成本及由此造成的效率损失。张维迎认为,激励机制和经理人的选择机制是企业制度的重中之重,现阶段的国有企业改革虽然有助于解决短期激励问题,但在长期激励问题和经理人的选择机制方面还未取得有效进展。他认为,国有企业经理人的任命仍旧是由政府而不是真正承担风险的所有者决定,从而造成了收益—风险的不对称和严重的道德风险问题。因此,国有企业(银行)的公司治理结构改革和民营化改革便刻不容缓。上述研究结论也得到了相关统计资料的证实。其中,平新乔、范瑛和郝朝艳(2003)利用 2002 年国有企业改制调查的激励工资数据,按照 BFGS(Broyden - Fletcher - Goldfarb - Shanno)的最大似然估计模拟程序,对中国国有企业代理成本的规模进行了实证分析。他们发现:在现在的国有企业管理体制下,代理成本的存在使国有企业的产出效率只达到了潜在产出效率的 30% ~40%。另外,BFGS 的模拟估算结果还显示:通过出售或租赁的方式,大致可以使国有企业的利润提高将近 20%。李寿喜(2007)还以 2000—2007 年的电子电器行业(选取依据是市场化程度高、政府干预较小和竞争较为充分)为研究对象,具体考察了产权制度、代理成本和代理效率三者之间的关系,得出结论:①国有企业的代理成本普遍高于混合产权企业的代理成本,并高于私人产权企业的代理成本;②在代理成本的差异上,国有产权的代理成本差异远远大于混合产权和私人产权企业的代理成本差异。但随着市场化水平的提高,各类产权的代理成本不断下降,代理效率逐渐提高。

2.3.2 实证方面的讨论:以全要素生产率为例

基于国有企业低效率的广泛认识,很多学者对我国国有企业的效率进行了测度,得出的结论也惊人的相似:我国国有企业的生产率虽然在改革之后取得了较快的发展,但与私营、外资及其他非国有企业相比,国有企业的全要素生产率仍然偏低(Groves et al. ,1994;Bai et al. ,1997;Li,1997;Kong et al. ,1999;Zheng et al. ,2003;刘小玄,2003)。

2.3.2.1 国外的文献

早在20世纪90年代,中国国有企业的低效率便引起了海外很多学者的注意。其中,Dollar(1991)在利用1978—1982年的统计资料计算出国有企业的全要素生产率(TFP)后,研究了一系列的经济改革对中国国有企业分配效率的影响。笔者发现,国有企业的“放权让利”改革大幅度地提高了国有企业的全要素生产率(世行调查的20个国有企业的全要素生产率均有不同程度的提高,而这与1978—1982年中国分配效率的改善息息相关),这在后来的研究中也被Groves等(1994)所证实。Jefferson等(1992)基于1984—1987年中国国有企业和集体企业的投入—产出指标计算出了两类企业的TFP,他们发现,总体上国有企业的TFP要低于集体企业,但与集体企业相比,国有企业的全要素生产率的增速更快,因此国有企业的TFP呈现出一种收敛趋势。Gordon和Li(1995)基于1983—1987年的投入—产出数据,同样估计了我国国有企业的全要素生产率,发现1983—1987年我国国有企业的全要素生产率年均增速达到4.6%,而在具体的影响因素中,劳动力教育水平的改善对国有企业TFP的提高起到了较大的作用(贡献率达到50%)。Bai等(1997)计算了改革前后我国国有企业的TFP,并进行了对比分析,发现改革后国有企业的TFP取得了较快的增长,在国有产权存在根本缺陷的前提下,当国有企业经理人不以利润最大化为唯一追求时,全要素生产率可能不是国有企业绩效度量的有效指标(较高的TFP可能伴随着较高的分配扭曲)。Li(1997)在计算了1980—1989年我国国有企业的TFP后发现,国有企业的边际要素生产率和TFP均经历了较大幅度的提高,且87%的全要素生产率增长来源于极力改善市场化程度的提高和要素分配政策的合理化。Zheng等(1998)计算了1986—1990年国有、集体和乡镇三类企业的全要素生产率,发现国有企业的全要素生产率最低,集体企业次之,乡镇企业最高,但三类企业的收敛趋势并不存在。Kong 等(1999)则以建筑材料、化学、机器设备和纺织四个行业为基础,计算了 1990—1994 年国有企业的技术效率、技术进步率和全要素生产率。结果发现,纺织和化学两个行业的国有企业 TFP 经历了负增长,技术进步率和技术效率提高也不明显。据此,他们认为,国有企业的改制并未起到提高国有企业绩效的作用。但 Xu(2000)基于双重差分模型得出了与 Kong 等(1999)不同的研究结论。Xu 认为,改制显著提高了国有企业的效率。另外,Zheng 等(2003)也计算了 1980—1994 年中国国有企业的全要素生产率,提出中国国有企业的全要素生产率经历了较大幅度的提高,但全要素生产率的增长主要依靠技术进步,而技术效率则较为低下。

2.3.2.2 国内的文献

与国外的情况类似,中国国有企业的显著变化也引起了国内学者的广泛注意,并受到了持续的关注。其中,邵琍玲(1990)计算了 1980—1987 年中国国有企业全要素生产率的变化趋势,发现以 1984 年为分界点,国有企业的 TFP 在 1980—1984 年经历了较大幅度的增长,但在 1984—1987 年不断下降,这几年间,中国国有企业的 TFP 呈现出倒 U 型的发展趋势。大琢启二郎等(2000)计算了 1978—1995 年中国国有企业的 TFP,发现 1978—1995 年中国国有企业的 TFP 年均增长率达到 2.5%,而同期的工业净产值年平均增速则达到了 6.3%,这表明改革对国有企业的绩效有积极影响。国有企业的 TFP 在 20 世纪 80 年代经历了一段时间的停滞,这可能与全要素生产率和国有企业真实绩效的差异有关系。郑京海、刘小玄和 Bigsten(2002)也分析了 1980—1994 年中国国有企业的 TFP 和技术进步情况,发现国有企业的 TFP 虽然增速明显,但技术效率普遍偏低,这表明中国国有企业 TFP 的增高主要是通过技术进步来实现的。

2.3.3 国有企业的宏观效率损失及其争辩

2.3.3.1 国有企业的宏观效率损失

上述理论和实证主要讨论了国有企业本身的低效率,那么国有企业本身的低效率对总体的宏观经济增长又会产生什么影响呢?有关学者对国有企业的宏观效率损失进行了分析。其中,刘瑞明、石磊(2010)认为,传统的关于国有企业效率的研究仅仅关注国有企业自身的效率损失,而忽视了国有企业自身效率损失所带来的其他效率损失。他们指出:“国有企业的效率损失不仅包括自己本身效率的损失(生存困境),还包括自身效率损失所带来的其他效率损失(增长拖累),即国有企业存在着双重效率损失。”刘瑞明(2010)基于本小宁(2005)提出的企业救助模型,分析了国有企业自身效率损失所带来的增长拖累,认为软预算约束的存在不仅导致了国有企业经理人的努力程度不足(道德风险),还因为对公共支出的挤出效应严重地阻碍了民营经济的发展。基于 1985—2004 年中国省级面板数据,刘瑞明利用面板建模方法对上述逻辑进行了实证检验,证实了国有企业双重效率损失的存在。针对现实经济所造成的呆坏账和财政风险(张杰,1998;樊纲,2000;卢文鹏,2002),刘瑞明(2011)从金融抑制方面对国有企业的“双重效率”损失进行了考察。他认为,在转轨经济体中,数量庞大的国有经济不仅因为自身效率的低下形成了对总体经济的增长拖累,还通过金融抑制、所有制歧视和资源错配等对整个国民经济体产生了拖累效应。而这又如何与改革开放 30 年来的快速经济增长相吻合呢?刘瑞明认为,金融漏损(安强身,2008)和民间金融(张军、詹玉波,2006)的成长构成了中国经济增长奇迹实现的重要因素。除此之外,针对市场分割在时间和空间上表现出来的差异性(Young,2000;Naughton,2003;Poncet,2003,2005;Park,2003;Bai et al.,2004;李善同等,2003;林毅夫、刘培林,2004),刘瑞明(2012)还从国有企业隐性补贴这一视角对中国经济中广泛存在的市场分割及其时空差异进行了解读。他认为,在转轨经济体中,市场分割实际上是对国有企业的变向补贴(隐性补贴),一个地区的市场分割程度由该地区的国有经济比重和补贴程度内生决定,而后来的采用静态面板和动态面板方法的实证分析表明,地区国有经济比重对中国广泛存在的市场分割和时空差异具有良好的解释力。

2.3.3.2 关于国有企业宏观效率损失的争辩

尽管国有企业的宏观效率损失获得了更多的认同,但还是有一些学者(刘元春,2001a,2001b;黄险峰、李平,2008,2009)坚称国有企业在宏观上是存在效率的。其中,刘元春(2001a)认为,在现实世界中,从来都不存在最优解,中国转轨经济中国有企业的宏观效率和微观效率可能存在着不一致性。以新古典经济学标准的理论来看,中国国有企业的产权结构可能存在着根本缺陷,并进一步导致低效率,但不容忽视的事实是,中国的国有企业实际上是赶超战略中克服政府失灵和市场失灵的有效安排,是“技术模仿、扩散和赶超”的中心,发挥着“宏观经济的稳定器”“社会福利和公共产品的提供者”等作用,因此国有企业在宏观上是有效率的。按照这个思路,刘元春(2001b)进一步指出,因为产权制度的缺陷,国有企业从“微观财务报表上来看必然是低效率的,但从 TFP 来看却是有效的”,从微观竞争和经济比重上来看是无效率的,从宏观的社会资源配置和社会福利最大化原则上来看则是有效的,即中国的国有企业存在着效率悖论。无独有偶,黄险峰和李平(2009)也认为,在中国经济转轨的过程中,国有企业承担了减少大规模舍业和保障社会稳定的职能。依据上述认识,黄险峰和李平通过一个简单的两部门模型分离出了国有企业的微观非效率和宏观效率,证明了国有企业微观效率损失和宏观效率的存在,同时基于 1992—2003 年的相应指标对上述逻辑进行了检验。笔者发现,国有企业的低效率和宏观上的正外部效应均是显著的,而从总体上来看,两者大致可以抵消。因此,国有企业对中国经济增长的贡献与非国有部分不存在显著差异。

2.4 结论性评述

通过上述分析我们发现,以既定经济和制度环境为研究前提的新古典增长理论对中国长期经济增长轨迹的解释力是有限的(林毅夫,2004;胡鞍钢,2005),而发展战略由于更加注重经济发展阶段的经济和制度环境,成为理解近代以来中国长期经济增长轨迹的基础。因为研究方法、研究视角的差异,不同的发展战略在逻辑一致性、微观基础等方面还存在着缺陷,具体表现在:

(1)重工业优先发展战略以重工业的外部性和市场失灵为研究前提,说明了在经济发展初始阶段通过强制的资本积累来发展重工业的必要性,而这也成为 1949—1978 年经济实现“有限赶超”的重要原因。但是,重工业优先发展战略并不能对其负效应和不可持续性进行说明,更不能回答比较优势发展战略对它的质疑①。

(2)比较优势发展战略所开创的“要素禀赋—自生能力—技术、产业选

① 姚洋、郑东雅(2007)指出,重工业的外部性是逐渐下降的,政府所提供的补贴越来越小。但政府的补贴会对国有企业绩效和总体的经济发展效率产生什么影响,上述文献却不能给出很好的解答,这也成为比较优势发展战略分析的逻辑起点。

择—经济增长(收敛)”逻辑分析范式固然可以很好地解释1978年以来的经济增长“奇迹”,但其所坚称的在经济发展初始阶段应该按照比较优势原则选择进入的产业却与大多数发展中国家的经济发展事实相悖,更不能回答大国优势战略和竞争优势战略对它的质疑。

(3)大国优势战略和竞争优势战略虽然提出了创新对未来持续经济增长的重要意义,但因研究还处于初始阶段,其内在逻辑和微观基础值得进一步研究。

(4)从微观效率上说,大部分研究结果均证明:与非国有企业相比,国有企业的全要素生产率仍然偏低,这很难与历史上曾经发生的和近年观察到的经济事实相匹配[①]。从宏观效率上说,国有企业的宏观效率损失得到了更多的认同,同样也存在对宏观效率的争辩(刘元春,2001;黄险峰、李平,2008,2009),唯一的不足是这种争辩还欠缺相应的理论模型来证实上述机制的合理性。

究其原因,我们认为,首先,现有发展战略的研究虽然注重经济发展阶段的经济和制度环境,但仍然是以既定的经济和制度环境为研究前提的(例如,重工业优先发展战略以重工业的外部性和市场失灵为研究前提,比较优势发展战略以市场完全有效、要素完全自由流动和充分就业为研究前提),这与近代以来中国经济和制度环境不断变化的现实相悖,从而制约了其解释力。那么,以不断变化的经济和制度环境为研究前提,通过发展战略理解近代以来的中国长期经济增长轨迹便成为本书研究的逻辑起点。其次,就微观基础而言,比较优势发展战略从企业的视角(如果企业违背比较优势原则选择进入的行业,那么这个企业将不具有自生能力,并会最终阻碍经济增长,这在中国具体表现为国有企业的低效率)对宏观的经济增长轨迹进行解读,无疑为我们提供了很好的借鉴[②]。最后,进一步分析还可以发现,重工业

---

① 幸运的是,相关研究成果(洪功翔,2010;张晨、张宇,2011;马荣,2011)通过相应的实证分析已经证明了国有企业的动态效率:随着市场化改革和产权改革的深入,国有企业与非国有企业的全要素生产率已经不存在显著差异。林毅夫、李志赟(2003)也承认,在存在政策性负担时,国有企业的产权安排仍然不失为一种次优选择。

② 从微观基础来说,重工业优先发展战略的研究前提(市场失灵和国有企业的高效率)与比较优势发展战略(市场有效和国有企业的低效率)存在冲突。为了解决这一冲突,我们认为市场和国有企业的效率均是动态的,市场经历着“无效—有效”的过程(其核心在于外部性,而发展战略的差异则是因为引起外部性的因素不一样,赶超战略的外部性源于资本和重工业的外部性,大国优势战略和竞争优势战略源于知识和创新的外部性),而这也就决定了国有企业的“低效—高效”的动态演变过程。

优先发展战略的研究逻辑隐含着国有企业的高效率,而比较优势发展战略又以赶超战略后期国有企业的低效率为研究前提,这说明国有企业的效率经历了一个由高到低的变化过程,应该是动态的,这一点和现有的强调国有企业低效率的研究文献不一致。鉴于上述缺陷,本书首先从微观和宏观两个方面证明国有企业的动态效率,在此基础上,从发展战略、产权结构和政府最优行为三个方面对中国近代以来的长期经济增长轨迹进行解读。针对比较优势发展战略所表现出来的阶段适宜性,我们以知识产权保护及在此基础上的创新为研究背景,说明发展战略进一步转变的必要性。

3 产权结构的微观动态效率及其临界条件

3.1 引言

对国有企业效率的讨论由来已久，也并没有因为时间的延续而偃旗息鼓，反而因为近年来国有企业绩效的提高而显得更加扑朔迷离。坚持国有企业低效率的研究者认为，国有企业在产权安排上的固有缺陷，将导致其在市场环境下面临生存困境和进一步的增长拖累（刘瑞明、石磊，2010），因此，在与其他所有制企业相比时，国有企业的生产率总是偏低（Groves et al.，1994；Bai et al.，1997；Li，1997；Kong et al.，1999；Zheng et al.，2003；刘小玄，2003）。坚持国有企业高效率的研究者认为，产权改革已经使国有企业初步建立了"产权清晰、权责明确、政企分开、管理科学"的现代公司治理结构，故而其所面临的生存困境得到大大缓解，国有企业生产率也在近年得到了大幅提升，并逐步超过了非国有企业（洪功翔，2010；张晨、张宇，2011；马荣，2011）。

抛开国有企业效率高低的争论，我们发现，不管是"低效论"还是"高效论"，均承认了产权改革对国有企业绩效所起到的积极作用，即随着产权改革和市场化改革的深入，国有企业与非国有企业生产率之间的差异逐渐减小。尽管现有研究对不同所有制企业生产率的差异已经做了很好的说明，但还鲜有研究对上述变化趋势的原因（尤其是市场化水平与不同所有制企业生产率差异之间的关系）进行分析，本章将对此进行具体阐述。

 文献述评、制度背景和研究假说的提出

鉴于计划经济后期国有经济的拙劣表现[①]，很多学者研究了国有企业的低效率和进一步的增长拖累（Jefferson et al.，1992；Zheng et al.，1998；孔翔等，1999；郑京海等，2003；刘瑞明、石磊，2010；刘瑞明，2011）。究其原因，从微观效率来说，由于广泛存在的软预算约束（Kornai，1986）、隐性契约（张军，1994）、政策性负担（林毅夫等，1997）和代理成本（张维迎，1999），国有企业面临着生存困境和进一步的低效率；从宏观效率来说，软预算约束的存在会导致国有企业的努力程度先天不足，从而引起对公共服务的挤出，最终导致国有企业对宏观经济总体的增长拖累[②]。那么，完成现代公司治理结构的改造，并建立与之相适应的现代市场经济体系便成为摆脱国有企业低效、实现持续经济增长的重要途径。也正是因为如此，产权改革和市场化改革成为改革开放30多年来制度变迁领域的两大重要特征。

产权改革对国有企业效率提升的作用是明显的，这得到了大量理论和经验研究的证实（Bai et al.，1997；Li，1997；Xu，2000；胡一帆等，2006；白重恩等，2006；李楠、乔榛，2010）。例如，白重恩等（2006）利用1998—2003年全国国有企业和规模以上非国有企业的相关数据，考察了改制对企业经营绩效和社会绩效的影响，结果表明：改制虽然显著地提高了国有企业的效益，也带来了一定的社会成本，但与同时期的国际经验相比，社会成本还不是很大。另外，改制对国有控股企业社会效益提升的作用也较为

---

① 对于计划经济时期国有企业的低效率，林毅夫等认为：受到国家重工业优先发展战略的影响，国有企业在计划经济时期进入的行业通常是不具有要素禀赋优势的行业，那么在资源配置由价格决定的情况下，国有企业将不具有自生能力和比较优势，国有企业的低效率和总体上对宏观经济的增长拖累将成为必然，这一点和生存困境的逻辑相似。与生存困境逻辑相比，“要素禀赋—比较优势—自生能力—经济发展”的研究框架不能将隐性契约、代理成本和软预算约束等因素综合考虑进去，故本书没有选择这一研究框架进行评述。

② 据张杰（1998）的估计，政府给予国有企业的金融补贴在1985—1996年占GDP的9.7%，其峰值在1993年高达18.81%。于是，在国有企业道德风险和经营绩效低下的情况下，银行对国有企业的贷款最终形成了大量的呆坏账。由于政府或人民成为这些坏账的最终埋单者，准财政赤字成为一种必然（樊纲，2000）。另外，对国有企业的补贴虽然显著地改善了国有企业的财务报表，国有企业的效率却并没有从根本上得到改善，大量廉价租金的获取反而使国有企业产生了较为严重的道德风险和逆向选择问题，其经营风险也逐渐向金融领域转嫁，并在国有银行内部形成巨额不良资产，即增长拖累（卢文鹏，2002）。

明显。李楠、乔榛(2010)基于1996—2006年中国工业行业的相关数据,利用双重差分模型考察了改制对国有企业绩效的影响,结果发现,国有企业绩效自2003年以来已经发生了根本性的好转,改制对国有企业绩效的提高是显著的。于是,在产权改革大幅提升国有企业绩效的前提下,相关经验研究计算了国有企业与非国有企业的全要素生产率,得出二者并不存在显著差异的结论。其中,马荣(2011)基于2003—2008年中国工业行业的相关数据,利用Malmquist指数计算了国有企业和外资企业的全要素生产率,结果发现,国有企业的全要素生产率占据绝对优势,其技术进步率较高,而国有企业的低效率主要体现在技术效率和规模效率上。由此,继续深化改革、完善国有企业内部的管理和激励便成为进一步提高国有企业TFP的有力途径。

产权改革所带来的国有企业绩效的提高固然可喜,但相当一部分学者(谢千里等,1995;林青松、李实,1996;刘小玄,2003)坚持认为:在与外资、私营等其他类型的企业相比时,国有企业的绩效仍然较低。例如,谢千里等(1995)和林青松、李实(1996)均认为,改制虽然大幅提高了国有企业的绩效,但在与其他产权形式的企业进行比较时,国有企业的全要素生产率增长仍然较低。刘小玄(2003)利用1995年全国工业企业的普查数据分析了中国转轨经济中产权结构和市场结构对产业绩效的影响,结果发现,国有产权结构变量对产业绩效存在着明显的负效应,国有企业通常与垄断、缺乏竞争的市场结构紧密相连。无独有偶,不仅在全要素生产率的比较中国有企业占劣势,国有企业的管理水平(代理成本较高)和创新效率均远远低于非国有企业(平新乔等,2003;李寿喜,2007;吴延兵,2012)。李寿喜(2007)以2000—2004年的电子行业(政府管制少,竞争较为充分)为研究对象,考察了产权、代理成本和代理效率的关系,发现国有企业的代理成本显著高于混合产权的代理成本,并大于个人产权的代理成本。除此之外,企业的规模越大,不同类型企业的代理成本差异越小。吴延兵(2012)认为,国有企业产权结构的天然缺陷导致其短期化现象严重,改制虽然在一定程度上改善了生产上的剩余索取权和剩余控制权,却不能实现创新中剩余索取权和剩余控制权的匹配;国有企业存在着双重效率(生产效率和创新效率)损失,且创新效率损失大于生产效率损失。吴延兵基于1998—2003年中国31个省区大中型工业企业的行业数据，对国有企业、民营企业和三资企业的生产效率和创新效率差异进行了实证分析，结果证实，国有企业的“双重效率”存在，且生产效率损失小于创新效率损失。

综上所述，笔者发现，尽管对国有企业效率高低的争论由来已久，但至今为止仍然没有得出令人满意的结论。“低效论”认为，国有企业在产权安排方面存在固有缺陷，将导致其面临严重的软预算约束和代理成本，于是产权改革虽然大幅提高了国有企业的绩效，但与其他所有制企业相比，国有企业的全要素生产率仍然偏低。“高效论”同样肯定了改制在提高国有企业绩效方面的积极作用，并利用近年来的相关数据核算出，国有企业的全要素生产率近年来已经超过非国有企业。二者的观点针锋相对，但抛开争论本身，仍然可以发现“高效论”和“低效论”的共同点：“高效论”和“低效论”均承认产权改革对国有企业的积极作用，即随着市场化的深入，国有企业与非国有企业生产率之间的差异在逐渐减小。尽管近年来不同所有制企业的生产率差异在不断缩小，但在改革的前期，不同所有制企业之间的生产率差异确实在不断增大。[①] 联系转轨经济市场化改革和产权改革不断深入的制度背景，可以推论出国有企业、非国有企业效率与否可能与市场化程度紧密相关，且市场化水平与不同所有制企业绩效及其差异之间存在着非线性关系，具体如图 3 - 1 所示。

(1)当市场化水平较低时($MAR \in (0, MAR^*)$)，产权改革还未充分展开(国有企业适应竞争环境也亟须时日)，国有企业因为产权方面的固有缺陷，在市场环境下面临生存困境，而非国有企业因为产权安排的优势，在市场环境下享受制度红利，此时市场化水平的提高将导致不同所有制企业生产率差异的扩大。

(2)随着市场水平的提高($MAR \in (MAR^*, MAR_0)$ [②])，产权改革充分展开，并进一步使国有企业面临的生存困境得到极大的缓解乃至消除，与之相对应，非国有企业却因为国有企业的挤入导致市场的制度红利逐渐下降，此时市场化水平的提高将导致不同所有制企业生产率差异的缩小。

---

① 这也与“高效论”和“低效论”的讨论相一致：“低效论”的经验证据多集中于2004 年以前，“高效论”的经验证据则集中于2004 年以后。

② 本书只讨论 $MAR \in (0, MAR_0)$ 的部分，超过 MAR_0 的部分已经超出本书的讨论范围。

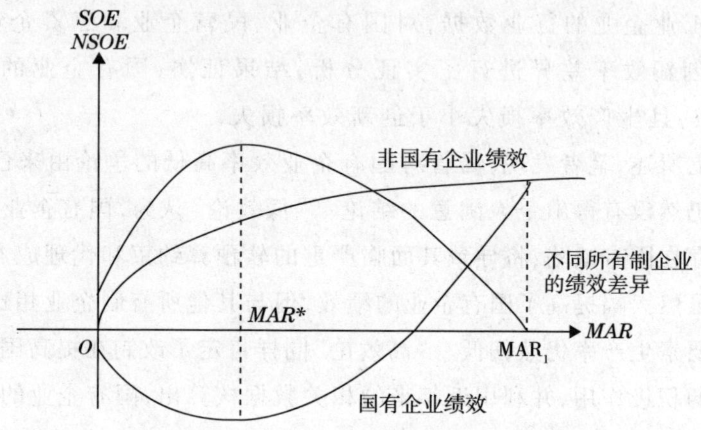

图 3-1 不同所有制企业及其差异变化轨迹

注：由于产权改革的滞后性和适应市场环境的渐进性等原因，国有企业的绩效曲线会呈现出先下降后上升的变化趋势；与之相反，非国有企业则会在改革初期首先享受到制度红利，随着国有企业生存困境的缓解，享受到的红利水平将逐渐下降，满足 $\partial NSOE/\partial MAR > 0$，$\partial^2 NSOE/\partial MAR^2 > 0$，那么不同所有制企业间的绩效差异曲线便满足先增加后减小的趋势，并在 MAR^* 处达到最大。

基于上述分析，本书提出可供验证的研究命题：

命题 1：当市场化水平较低时，市场化水平的提高将导致不同所有制企业的生产率差异扩大；当市场化水平较高时，市场化水平的提高将导致不同所有制企业的生产率差异缩小。

3.3 估计方法、指标和数据选取

通过第二部分的分析，本章得出市场化水平影响不同所有制企业生产率及其差异的内生机制，并提出相应的研究命题，但普通的 OLS 估计很难对上述命题进行验证。面板门限回归模型通过不同的门限值分割样本，并利用分割的样本进行分段估计，可以很好地描述市场化水平与不同所有制企业绩效及其差异的非线性关系。

3.3.1 估计方法：面板门限回归模型

作为非线性计量经济估计的重要分支，面板门限估计模型由 Tong

(1978)首次提出,并对“分组检验模型”进行了重要扩展①。经过 Hansen(1996,1999,2000)的一系列论证,面板门限模型的估计形式为②

$$y_{it} = \theta'_1 x_{it} + e_{1,it} \quad q_{1i} \leqslant \gamma \tag{3.1}$$

$$y_{it} = \theta'_2 x_{it} + e_{2,it} \quad q_{2i} > \gamma \tag{3.2}$$

式(3.1)和式(3.2)中,x_{it} 为方程的解释变量;γ 为具体的门限值;门限变量为 q_i,既可以独立于 x_{it},也可以是 x_{it} 中的一个回归因子。这样,总体的回归模型便被门限值(γ)分为两组。Hansen(1996,1999,2000)还假设存在一个指示函数($I_i(\gamma)$),当 $q_{1i} \leqslant \gamma$ 时,$I_i(\gamma) = 1$,否则为0。最后要求解释回归元($x_i(\gamma)$)满足 $x_i(\gamma) = x_i I_i(\gamma)$,那么式(3.1)和式(3.2)便可合并为下式:

$$y_{it} = \theta_1 x_{it} I_i(q_i \leqslant \gamma) + \theta_2 x_{it} I_i(q_i > \gamma) + e_{it} \tag{3.3}$$

式中,$e_{it} = (e_{1,it}, e_{2,it})'$,门限值($\gamma$)、$\theta_1$ 和 θ_2 分别为模型中估计的参数。

对式(3.3)直接进行一般最小二乘(OLS)回归,便可以获取其残差平方和,具体为

$$S_1(\gamma) = \hat{e}_{it}(\gamma)' \hat{e}_{it}(\gamma) \tag{3.4}$$

那么,相应的门限估计值便可以用式(3.5)表示:

$$\hat{\gamma} = \operatorname{argmin} S_1(\gamma) \tag{3.5}$$

与之相对应的残差方差估计量($\hat{\sigma}^2$)为

$$\hat{\sigma}^2 = T^{-1} \hat{e}_{it}(\hat{\gamma})' \hat{e}_{it}(\hat{\gamma}) = T^{-1} S_1(\hat{\gamma}) \tag{3.6}$$

Hansen(2000)认为,式(3.3)中的每一个观测值均可能是门限估计值,并可以被式(3.5)确定。一旦具体的门限估计值被确定,其他参数便会一一得以确定。在具体的估计参数确定后,我们还需要确认模型中的门限效应

---

① 以前“分组检验”是人为的事先指定相应的门限值,然后以此为依据进行分组和检验。面板门限回归模型则基于一定的统计方法对门限值进行内生性检验,并以此确定最终真实的门限值。与主观分组方法相比较,它能更准确地捕捉门限水平,并揭示不同组别中解释变量与被解释变量之间的变化关系。

② 本书没有使用工具变量法作为检验模型的主要方法是基于以下两个方面的考虑:a. 该方法要求数据是弱有效的时间序列(不存在单位根和随机趋势项),而本书所选取的面板数据似乎很难满足这一点,现在对内生性的研究更多的是选取截面序列;b. TSLS 和 GMM 方法虽然不再要求解释变量是外生的,却是以门限变量的外生性假设为前提,而本书所选取的门限变量均不是外生的。Caner 和 Hansen(2004)也承认:如果门限变量是内生变量,现在的估计仍然存在缺陷,而这还有赖于进一步的研究。Hansen(1996,1999,2000)提出的面板门限回归模型较为成熟,他认为,门限变量可以是外生变量,也可以是解释变量中的一个回归元(内生变量)。

是否存在，相应地，原假设（H_0）和备择假设（H_1）分别为

$$H_0: \theta'_1 = \theta'_2 \quad H_1: \theta'_1 \neq \theta'_2 \tag{3.7}$$

与传统模型的系数检验不同的是，门限模型的检验存在着特殊性：①如果模型不存在门限效应，那么具体的门限估计参数（θ_1 和 θ_2）将不能识别，并会进一步导致计算出的检验统计量的大样本分布不服从“卡方分布”；②方程容易受“干扰参数”影响，从而导致“非标准非相似分布”的临界值无法通过模拟方式获得。

为了解决上述问题，Hansen（2000）对统计量本身的大样本分布函数进行了转换，得出大样本的渐进 P 值。如果 H_0 成立，Hansen（2000）证明渐进 P 值的大样本分布服从均匀分布，并且可以通过“自助抽样法”（Boostrap）计算出来。那么，如果检验结果表明不存在门限效应，式（3.3）将退化为线性模型；反之，则表明回归系数（θ_1 和 θ_2）存在门限效应。

假设 S_0 为在原假设（H_0）下的总残差平方和，S_1 为备择假设（H_1）下的总残差平方和。我们便可以计算相应的似然比估计量，以检验总体的门限效应是否存在，具体为

$$F = \frac{S_0(\gamma) - S_1(\gamma)}{\sigma^2} \tag{3.8}$$

最后，即使某一变量的门限效应被确定，我们还需要计算相应门限值的置信区间，即对零假设 $H_0: \hat{\gamma} = \gamma$ 和备择假设 $H_1: \hat{\gamma} \neq \gamma$ 进行统计推断，对应的似然比统计量为

$$LR(\gamma_0) = \frac{S_1(\gamma) - S_1(\hat{\gamma})}{\hat{\sigma}^2} \tag{3.9}$$

上式中的 LR 值为不服从标准的正态分布，通过 Boostrap 方法，Hansen（2000）计算了具体的置信区间，即在 α 的显著性水平下，如果似然比统计主量（$LR(\gamma_0)$）满足 $LR(\gamma_0) \leqslant c(\alpha) = -2\ln(1 - \sqrt{1-\alpha})$，则表明接受备择假设。

以上分析仅仅是模型中只存在一个门限值的估计方法，当模型中存在两个或者两个以上的门限值时，我们便需要重复以上办法，继续进行检验，并最终确定相应的门限值个数。

3.3.2 指标选取和数据来源

为了对市场化水平与不同所有制企业绩效及其差异的非线性关系进行

检验，本章最终选取了几个指标，见表 3－1。

表 3－1 指标选取和数据来源

<table>
<tr><th colspan="3">变量名称</th><th>计算方法</th><th>数据来源</th></tr>
<tr><td rowspan="3">全要素生产率（TFP）</td><td>产出（Y）</td><td>各地区全年工业增加值（y）</td><td rowspan="4">原始数据</td><td rowspan="7">各年度中国统计年鉴</td></tr>
<tr><td rowspan="2">投入（X）</td><td>各地区固定资产净值年平均余额（x1）</td></tr>
<tr><td>各地区从业人员年平均人数（x2）</td></tr>
<tr><td rowspan="2">稳健性指标</td><td colspan="2">产品销售率（SALE）</td></tr>
<tr><td colspan="2">劳均利润率（PROFIT）</td><td>利润总额/从业人员年平均人数</td></tr>
<tr><td rowspan="2">价格指标</td><td colspan="2">工业品出厂价格指数</td><td rowspan="2">利用环比指数换算成 2003 年为基期的定基指数</td></tr>
<tr><td colspan="2">固定资产投资价格指数</td></tr>
<tr><td rowspan="5">市场化水平</td><td rowspan="5">市场化程度（MAR）</td><td>政府与市场关系（GOV）</td><td colspan="2" rowspan="5">2009 年以前的数据来源于樊纲等（2011），2010 年的数据由 2004—2009 年各地区市场化程度的平均增长率推算得出</td></tr>
<tr><td>非国有经济的发展（DNSO）</td></tr>
<tr><td>产品市场的发育程度（DPRO）</td></tr>
<tr><td>要素市场的发育程度（DEL）</td></tr>
<tr><td>市场中介组织的发育和法律制度环境（DMID）</td></tr>
</table>

基于数据的可得性，本章所选取数据的时间跨度为 2003—2010 年，2009 年以前市场化程度的数据来源于樊纲等（2011），2010 年的市场化程度则可利用各指标的三项移动平均计算得出，除此之外的所有数据均来源于 2003—2010 年度的统计年鉴。如表 3－1 所示，本章沿用大多数研究文献的做法（Kong 等，1999；马荣，2011），选取各地区全年工业增加值为产出，各地区固定资产净值年平均余额和各地区从业人员年平均人数为资本和劳动投入，核算不同所有制企业的全要素生产率。为了比较的方便，我们将非国有企业定义为私营企业和“外商和港澳台”投资企业，统一核算全要素生产率。同时，笔者还选取了全员劳动生产率、产品销售率和劳均利润率三个指标来

反映不同所有制企业的绩效，以便进行稳健性分析。另外，为了剔除价格水平的影响，我们还利用 2003 年为基期的工业品出厂价格指数和固定资产价格指数对产出和资本投入指标进行了平减。最后，笔者根据樊纲等（2011）所提供的市场化程度来检验市场化水平与不同所有制企业绩效及其差异的非线性关系。

3.4 实证分析

3.4.1 不同所有制企业的全要素生产率

基于第三部分的投入和产出指标，利用 DEAP2.1，可以计算出不同所有制企业的全要素生产率，同时利用 T 统计值检验不同所有制企业的全要素生产率是否存在显著差异，具体如表 3－2 和表 3－3 所示。

表 3－2　2003—2010 年不同所有制企业的 Malmquist 指数及其分解均值

年份	技术效率		技术进步率		纯技术效率		规模效率		全要素生产率		DIFF
	国有	非国有	国有	非国有	国有	非国有	国有	非国有	国有	非国有	
2004	0.712	1.022	1.058	0.847	0.855	1.030	0.832	0.993	0.753	0.866	－0.112
2005	0.725	1.088	1.054	0.974	0.725	0.997	1	1.092	0.764	1.060	－0.295
2006	0.738	1.401	1.283	0.983	0.864	1.261	0.854	1.111	0.947	1.377	－0.430
2007	1.056	1.482	1.841	1.133	1.066	1.297	0.991	1.143	1.945	1.679	0.266
2008	1.147	1.624	1.583	1.031	1.147	1.483	1	1.095	1.815	1.674	0.140
2009	1.229	1.492	1.321	1.131	1.229	1.438	1	1.037	1.623	1.687	－0.064
2010	1.531	1.919	1.472	1.131	1.531	1.770	1	1.084	2.253	2.170	0.082
均值	1.020	1.432	1.373	1.033	1.059	1.325	0.954	1.079	1.443	1.502	－0.059

表 3-3 各地区不同所有制企业的 Malmquist 指数及其分解均值

地区	省份	技术效率		技术进步率		纯技术效率		规模效率		全要素生产率		DIFF
		国有	非国有	国有	非国有	国有	非国有	国有	非国有	国有	非国有	
东部地区	北京	1.861	2.013	1.823	1.834	1.511	1.589	1.232	1.267	3.393	3.692	-0.299
	天津	1.342	1.454	1.654	1.772	1.289	1.452	1.041	1.001	2.220	2.576	-0.356
	河北	1.177	1.422	1.375	1.402	1.177	1.419	1	1.002	1.618	1.994	-0.376
	辽宁	1.036	1.309	1.542	1.523	1.094	1.309	0.947	1	1.598	1.993	-0.395
	上海	2.759	2.775	2.022	2.083	2.071	2.101	1.332	1.321	5.579	5.780	-0.201
	江苏	2.698	2.793	2.055	2.061	2.012	2.052	1.341	1.361	5.545	5.757	-0.212
	浙江	1.462	1.569	2.102	2.104	1.350	1.388	1.083	1.13	3.073	3.301	-0.228
	福建	1.251	1.324	1.422	1.563	1.251	1.221	1	1.084	1.779	2.069	-0.290
	山东	1.656	1.521	1.643	1.633	1.365	1.348	1.213	1.128	2.720	2.483	0.237
	广东	1.936	2.052	1.661	1.681	1.936	2.004	1	1.024	3.216	3.449	-0.233
	广西	1.011	0.901	1.515	1.328	1.193	1.165	0.847	0.773	1.531	1.196	0.335
	海南	0.907	1.135	1.182	1.301	0.907	1.104	1	1.028	1.072	1.477	-0.405
中部地区	山西	1.391	0.955	1.328	1.221	1.415	0.844	0.983	1.132	1.847	1.166	0.681
	内蒙古	1.148	0.758	1.242	0.813	1.148	0.805	1	0.941	1.426	0.616	0.810
	吉林	1.268	0.694	1.331	1.014	1.389	0.786	0.913	0.883	1.688	0.704	0.984
	黑龙江	1.549	0.797	1.152	1.021	1.561	0.797	0.992	1	1.784	0.814	0.970
	安徽	1.340	1.572	1.201	1.243	1.340	1.452	1	1.083	1.609	1.954	-0.345
	江西	1.425	1.035	1.183	1.053	1.425	0.957	1	1.082	1.686	1.090	0.596
	河南	1.488	1.456	1.382	1.017	1.452	1.343	1.025	1.084	2.057	1.481	0.576
	湖北	1.494	1.489	1.431	1.442	1.482	1.370	1.008	1.087	2.138	2.147	-0.009
	湖南	1.443	1.437	1.392	1.403	1.399	1.333	1.031	1.078	2.008	2.016	-0.008
	重庆	1.534	1.505	1.332	1.345	1.492	1.460	1.028	1.031	2.043	2.024	0.019
西部地区	四川	1.524	1.479	1.209	1.213	1.525	1.479	0.999	1	1.842	1.794	0.048
	贵州	1.238	0.741	1.013	0.843	1.259	0.747	0.983	0.992	1.254	0.625	0.629
	云南	1.128	1.014	1.083	1.184	1.143	1.014	0.987	1	1.222	1.200	0.022
	西藏	1.073	0.400	1.082	0.675	1.103	0.498	0.973	0.803	1.161	0.270	0.891
	陕西	1.110	1.119	1.174	1.313	1.110	1.073	1	1.043	1.303	1.469	-0.166

续表

地区	省份	技术效率		技术进步率		纯技术效率		规模效率		全要素生产率		DIFF
		国有	非国有	国有	非国有	国有	非国有	国有	非国有	国有	非国有	
西部地区	甘肃	1.075	1.035	1.059	1.243	1.167	1.035	0.921	1	1.138	1.286	-0.148
	青海	1.019	0.439	1.104	0.702	1.154	0.568	0.883	0.773	1.125	0.308	0.817
	宁夏	0.951	0.734	1.141	0.743	1.008	0.734	0.943	1	1.085	0.545	0.540
	新疆	1.151	0.932	1.032	1.182	1.151	0.903	1	1.032	1.188	1.102	0.086
总体均值		1.401	1.286	1.383	1.321	1.351	1.205	1.023	1.038	2.031	1.883	0.147
东部均值		1.591	1.689	1.666	1.690	1.430	1.513	1.086	1.093	2.779	2.981	-0.202
中部均值		1.408	1.170	1.297	1.157	1.410	1.115	0.998	1.040	1.829	1.401	0.427
西部均值		1.141	0.877	1.100	1.011	1.180	0.894	0.965	0.960	1.258	0.955	0.302

注：不同所有制企业的效率差异(DIFF)等于国有企业与非国有企业的全要素生产率之差；为了便于比较，DIFF的区域均值为各地区DIFF绝对值的算术平均值。

通过表3-2和表3-3的分解结果可以发现：

(1)从时间趋势来说，国有企业的全要素生产率在2004—2006年间持续下降，但从2007年开始增加，而非国有企业的全要素生产率自2004年开始持续升高(见表3-2)。尽管国有企业与非国有企业的全要素生产率不存在显著差异(T统计量为0.548)，但不同所有制企业之间的生产率差异(绝对值)却经历了先增加后减小的变化。

(2)从截面趋势来说，国有企业和非国有企业的全要素生产率年均增长率分别达到2.031和1.883，且呈现出明显的区域差异(东部>中部>西部)。东部地区的国有企业全要素生产率小于非国有企业的全要素生产率(效率值分别为2.779和2.981)，中部和西部地区的变化则相反(中部和西部地区的国有企业全要素生产率分别为1.829和1.258，非国有企业全要素生产率分别为1.401和0.955)，总体上国有企业与非国有企业的全要素生产率也不存在着显著差异(T统计量为0.707)。

基于Malmquist生产率指数的计算结果表明：在产权改革和市场化改革的制度背景下，不同所有制企业的全要素生产率均经历了较大幅度的增长，在某些地区和年份，国有企业的经营绩效已经赶上甚至超过了非国有企业，二者的差异程度也在逐渐缩小，这一点与近年来的研究成果(洪功翔，2010；张晨、张宇，2011；马荣，2011)相一致，但现有研究却很少探讨不同所有制企业绩效所表现出的这种趋势。结合我国市场化程度所表现出的不同步性(时间上的渐进性和截面上的区域性),笔者认为,市场化是导致不同所有制企业绩效差异不断变小的重要原因,然而市场化水平与全要素生产率差异的残差拟合图却否认了这种简单关系的存在(如图3-2和图3-3所示)。

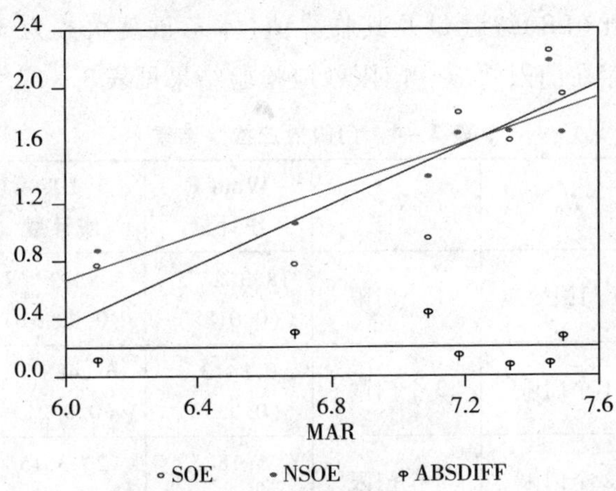

图3-2 2004—2010年市场化水平与不同所有制企业绩效及其差异残差

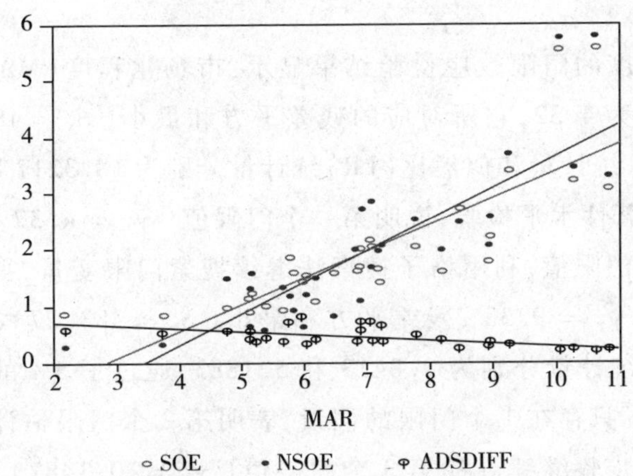

图3-3 各地区市场化水平与不同所有制企业绩效及其差异残差

3.4.2 面板门限回归模型估计结果

基于第二部分所提出的研究命题,笔者认为市场化程度可能与不同所有制企业绩效存在着非线性关系,故根据樊纲等(2011)所提供的市场化数据,本章利用面板门限回归模型来估计上述非线性关系。

在进行面板门限估计前,需要利用格子搜索法来搜索门限值。本章首先对市场化程度(MAR)进行升序排列,并忽略前后各约10%的观测值,然后选取不同的市场化程度为门限值,逐一对模型进行估计,并获取残差。笔者通过最小残差平方和原则找到相应的门限估计值后,利用自助抽样法(Boostrap)模拟似然比(LR)统计量及其临界值(本章重复次数为3000次),以进一步检验是否存在门限效应。门限效应检验结果见表3-4。

表3-4 门限效应检验结果

变量	H_0	H_1	Wald F 统计量	LR 统计量	结论
市场化程度(MAR)	无门限效应	1个门限	18.3127** (0.0188)	5.8813*** (0.00931)	拒绝 H_0
	1个门限	2个门限	9.8413* (0.0332)	6.2488** (0.0321)	拒绝 H_0
	2个门限	3个门限	5.1883 (0.1938)	20.3615 (0.2032)	接受 H_0

注:括号内为Boostrap仿真得到的P值;***、**、*分别代表1%、5%和10%的显著性水平。

市场化程度的门限效应检验结果显示:市场化程度(MAR)搜索到的第1个门限值为4.32,它所对应的残差平方和最小(S_1 =483.52),门限效应的Wald F统计量和似然比(LR)统计量分别为18.3217和5.8813,通过了5%的显著性水平检验,说明第一个门限值($\hat{\gamma}_1$ = 4.32)存在。紧接着固定第1个门限值,利用格子搜索法继续搜索门限变量,得到的第2个门限估计值为$\hat{\gamma}_2$ = 9.33,残差平方和最小(S_2 =383.27);门限效应的Wald F和LR统计量分别为9.8413和5.1883,通过了5%的显著性水平检验,并拒绝了只存在1个门限的假设,表明第2个门限估计结果真实有效。重复以上步骤继续寻找第3个门限值($\hat{\gamma}_3$ =10.1487),此时对应的Wald F和LR统计量分别为5.1883和20.3615,不能通过10%的显著性水平检验,从而拒绝存在3个门限的原假设。由此我们最终确定的两个门限值分别为4.32和9.33。

在确定了具体的门限值之后,我们利用Stata11.0进行面板门限估计,具体结果见表3-5。

表 3-5 面板门限估计结果

解释变量		SOE		NSOE		ABS(DIFF)	
		(1)	(2)	(3)	(4)	(5)	(6)
MAR (MAR)	(0,4.32]	-0.3412**		0.5728*		0.2532**	
	(4.32,9.33]	-0.1015*		0.4472***		0.1314**	
	(9.33,11.33]	0.1832**		0.1457*		-0.0512*	
GOV (MAR)	(0,4.32]		-0.3317**		0.3241***		0.1134**
	(4.32,9.33]		-0.2413*		0.1132*		0.0829**
	(9.33,11.33]		0.1038*		0.0832*		-0.0517*
DNSO (MAR)	(0,4.32]		-0.1513***		0.1137**		0.1438**
	(4.32,9.33]		-0.1487*		0.0834*		0.0275*
	(9.33,11.33]		0.0238*		0.0002**		-0.0817***
DPRO (MAR)	(0,4.32]		-0.3312*		0.2517**		0.1883**
	(4.32,9.33]		-0.2405*		0.1023*		0.0438*
	(9.33,11.33]		0.0745***		0.0617**		-0.0132***
DEL (MAR)	(0,4.32]		0.0274		-0.0247		0.0032
	(4.32,9.33]		-0.1038*		-0.0338**		0.0712*
	(9.33,11.33]		0.0531		0.0317		-0.0317
DMID (MAR)	(0,4.32]		-0.0248		0.0231		0.0042
	(4.32,9.33]		-0.0711**		0.0442		0.0312*
	(9.33,11.33]		0.0327		0.1037		-0.0742
R^2		0.3128	0.4772	0.3324	0.5017	0.2238	0.3124
Hauseman Test		2.1885	30.8328***	1.0923	20.8127	0.0721	18.8338***
F Test		8.2332***	20.3117***	6.8213*	18.2718**	6.0145*	15.2317**
模型选择		RE	FE	RE	FE	RE	FE

注：***、**、*分别代表1%、5%和10%的显著性水平。

根据表 3-5 可以发现：模型拟合优度的判定系数 R^2 为 20%～40%，模型解释力度良好；F 检验和 Hauseman 检验则表明市场化程度的回归模型选用随机效应较好，二级指标的回归模型选用固定效应较好。另外，市场化程度（MAR）、政府与市场的关系（GOV）、非国有企业的发展（DNSO）和产品市场的发育程度(DPRO)的大部分回归系数均通过了10%的显著性水平检验，而要素市场的发育程度(DEL)和中介组织的发育(DMID)的回归系数则大部分不太显著，这说明不同所有制企业全要素生产率的提高主要由市场化改革和产权改革所导致，要素市场、中介组织和法律制度对全要素生产率的积极作用不太明显，这与大多数理论解释相一致。

具体的回归结果中：

(1)当市场化程度较低(小于4.32)时，国有企业产权结构的缺陷将导致其在市场环境下面临生存困境(系数为-0.3412)，而非国有企业在产权安排上的优势会使其在市场环境下面临制度红利(系数为0.5728)，故此时市场化程度的提高将导致不同所有制企业绩效差异的扩大：市场化程度提高1个单位，将导致不同所有制企业的绩效差异(绝对值)增加0.2532个单位。

(2)随着市场化程度的提高(介于4.32和9.33之间)，产权改革将使国有企业的生存困境有所缓解(系数提高至-0.1015)。另外，国有企业绩效的逐渐好转将导致非国有企业享受到的制度红利逐渐递减，那么市场化程度对非国有企业的正向作用将开始减弱(具体表现为其系数从0.5728降至0.4472)，此时市场化对全要素生产率差异的正向边际影响将由0.2532降至0.1314。

(3)随着市场化程度的进一步提高(大于9.33)，产权改革将使国有企业的生存困境大大缓解，并能在市场环境下与非国有企业进行公平竞争，于是市场化对国有企业的影响系数开始由负转正(系数从-0.1015提高至0.1832)。与之相对应，非国有企业享受到的制度红利进一步下降(系数由0.4472下降至0.1457)，那么市场化程度与不同所有制企业绩效差异之间的负向关系(系数由0.1314变为-0.0512)便不难理解。

(4)二级指标中，政府从资源配置领域退出(政府与市场关系的提高)将会使国有企业在市场化程度的初期面临生存困境，其经营绩效也会有一定的下滑(具体系数为-0.3317)，非国有企业则会因为市场和价格机制的引入享受制度红利(具体系数为0.3241)，此时政府与市场关系的成熟将导致不同所有制企业间绩效差异的扩大。随着市场化程度的逐渐提高，产权改革和市场化改革使国有企业逐渐适应了市场规则，国有企业的生存困境得到缓解，非国有企业享受到的制度红利则因为国有企业的挤入而逐渐下降，此时不同所有制企业之间的绩效差异开始缩小。非国有企业的发展和产品市场的发育程度的变化趋势与政府和市场关系的变化趋势相似，具体机制本章不作详述。

3.4.3 稳健性检验

面板门限回归模型的估计结果表明了市场化水平与不同所有制企业全要素生产率及其差异的非线性关系。反映国有企业绩效的指标不仅仅是全要素生产率，还有利润率和产品销售率等指标，本章利用劳均利润率和产品销售率进行了稳健性检验，具体结果见表 3-6 至表 3-8。

与全要素生产率估计结果不同，产品销售率和劳均利润率的门限效应检验只存在一个门限值（分别为 6.03 和 5.87），模型的解释力度有所下降，但市场化程度（MAR）、政府与市场的关系（GOV）、非国有企业的发展（DNSO）和产品市场的发育程度（DPRO）的大部分回归系数都通过了 10% 的显著性水平检验，具体变化趋势也与全要素生产率的变化趋势相类似，从而表明了模型结论的稳健性。

表 3-6 产品销售率和劳均利润率的门限效应估计结果

门限变量	被解释变量	H_0	H_1	Wald F 统计量	LR 统计量	结论
市场化程度（MAR）	产品销售率	无门限效应	1 个门限	8.3817* (0.0588)	6.3724** (0.0698)	拒绝 H_0
		1 个门限	2 个门限	3.8413* (0.2332)	22.1053 (0.2374)	接受 H_0
	劳均利润率	无门限效应	1 个门限	9.2214** (0.0417)	8.3317** (0.0784)	拒绝 H_0
		1 个门限	2 个门限	4.0517* (0.2017)	24.5816 (0.2873)	接受 H_0

注：***、**、* 分别代表 1%、5% 和 10% 的显著性水平。

表 3-7 产品销售率的稳健性检验

解释变量		SOE		NSOE		ABS(DIFF)	
		(1)	(2)	(3)	(4)	(5)	(6)
MAR (MAR)	[0,6.03]	-0.3312**		0.1942**		0.1871**	
	(6.03,11.33]	0.1843*		-0.1037*		-0.2716***	

续表

解释变量		SOE		NSOE		ABS(DIFF)	
		(1)	(2)	(3)	(4)	(5)	(6)
GOV (MAR)	(0,6.03]		-0.1035**		0.2185**		0.3074***
	(6.03,11.33]		0.0843***		0.0872*		-0.0927*
DNSO (MAR)	(0,6.03]		-0.0917*		0.1321**		0.0934**
	(6.03,11.33]		0.0635*		0.0104*		-0.1639**
DPRO (MAR)	(0,6.03]		-0.1074**		0.1627***		0.1129*
	(6.03,11.33]		0.1921***		0.0218**		-0.0382**
DEL (MAR)	(0,6.03]		-0.0173*		0.1047		0.1237
	(6.03,11.33]		0.0834		-0.0917		-0.0498
DMID (MAR)	(0,6.03]		0.2175		0.0127		0.0672
	(6.03,11.33]		-0.0322		-0.0294		-0.0321
R^2		0.2217	0.3048	0.2381	0.3476	0.1834	0.2836
Hauseman Test		1.0547	16.3215**	2.0213	9.3317*	0.0837	7.8423*
F Test		6.3312*	12.1048**	7.3413*	8.7482*	5.4413*	8.1148*
模型选择		*RE*	*FE*	*RE*	*FE*	*RE*	*FE*

注：***、**、*分别代表1%、5%和10%的显著性水平。

表3-8 劳均利润率的稳健性检验

解释变量		SOE		NSOE		ABS(DIFF)	
		(1)	(2)	(3)	(4)	(5)	(6)
MAR (MAR)	(0,5.87]	-0.5513***		0.2185**		0.3124**	
	(5.87,11.33]	0.2074*		0.1428***		-0.1832**	
GOV (MAR)	(0,5.87]		-0.2127**		0.1174**		0.3212**
	(5.87,11.33]		0.1823***		0.0531*		-0.1438
DNSO (MAR)	(0,5.87]		-0.1032**		0.0923**		0.1294**
	(5.87,11.33]		0.0435***		0.0012**		-0.0623***
DPRO (MAR)	(0,5.87]		-0.2182*		0.1034**		0.1023*
	(5.87,11.33]		0.0874**		0.0318*		-0.0584**

续表

解释变量		SOE		NSOE		ABS(DIFF)	
		(1)	(2)	(3)	(4)	(5)	(6)
DEL (MAR)	(0,5.87]		0.0312		0.1241		0.0152
	(5.87,11.33]		-0.0172		-0.0032		-0.0317
DMID (MAR)	(0,5.87]		0.0032		0.0074		0.0312
	(5.87,11.33]		-0.1023		-0.0833		-0.0414
R^2		0.2043	0.3113	0.1974	0.2975	0.1872	0.2843
Hauseman Test		1.0743	18.8328 * *	0.9328	10.8135 * *	0.6121	8.1774 *
F Test		7.0548 *	14.3214 * *	5.4412 *	10.2718 *	4.0145 *	8.2317 *
模型选择		RE	FE	RE	FE	FE	FE

注：* * *、* *、*分别代表1%、5%和10%的显著性水平。

3.5 结论性评述

鉴于现有文献对不同所有制企业绩效及其差异的争论，本章根据近年来不同所有制企业生产率差异不断缩小的事实，抓住改革开放以来我国制度变迁领域的两大重大特征——“产权改革”和“市场化改革”，讨论了市场化水平与不同所有制企业绩效及其差异之间的非线性关系。笔者认为：当市场化水平较低时，产权结构的固有缺陷使得国有企业在市场环境下面临生存困境，与之相对应，市场化水平的提升又会使非国有企业产生制度红利，此时市场化水平的提高将导致不同所有制企业生产率差异的扩大；随着市场化水平的提高，产权改革的充分展开会使国有企业的生存困境有所缓解，非国有企业的制度红利也会因为国有企业的挤入而逐渐下降，此时市场化水平的提高将导致不同所有制企业生产率差异的缩小。另外，我们在通过 Malmquist 生产率指数计算出不同所有制企业全要素生产率的基础上，通过面板门限回归模型证实了上述非线性关系的存在。最后，本章利用劳均利润率和产品销售率两个指标对市场化水平与不同所有制企业绩效及其差异之间的非线性关系进行了稳健性检验，模型结论同样较为稳健。

上述结论证实了市场化水平对非国有企业绩效提高的积极影响，同时表明：市场化水平的提高虽然在短期内会对国有企业绩效形成一定的冲击，但在长期内是有利于国有企业生产率提高的。除此之外,二级指标的检验结果证明,近年来国有企业绩效的提高与政府从资源配置领域退出、非国有企业的发展和产品市场的发育程度息息相关,要素市场由于发育程度较为滞后,还未对不同所有制企业绩效及其差异产生较为显著的影响。这就意味着:进一步深化产权和市场化改革(尤其是要素领域的产权和市场化改革),建立公平、公正和公开的现代市场竞争体系和具有现代法人特征的现代公司治理结构才是提高国有企业绩效、缩小国有企业与非国有企业差距的根本途径。

4 产权结构的宏观动态效率 I："增长溢出"效应及其临界条件①

4.1 引言

研究国有企业效率的文献可谓汗牛充栋，但这些文献所得出的结论却惊人地相似：我国国有企业的生产率虽然在改革之后取得了较大的提高，但与私营、外资及其他非国有企业相比较，国有企业的全要素生产率仍然偏低（Li，1997；Bai et al.，1997；Kong et al.，1999；Zheng，2003；刘小玄等，2003）。国有企业的低效率，造成公共服务以及投资上的挤出效应，进而形成对长期经济发展的增长拖累（刘瑞明、石磊，2011）。于是，国有企业的产权改革势在必行，成为改革开放30年来中国发展奇迹的一个重要原因。然而，上述关于增长拖累的命题是建立在国有企业低效率的基础上的，但国有企业真的是低效率的吗？有关研究（张晨、张宇，2011；马荣，2011；洪功翔，2011；郝书辰、陶虎等，2011）对国有企业低效率这一命题提出了质疑，相关研究者认为，在国有企业的产权改革已经取得巨大成效的前提下，继续强调国有企业低效率已经显得不合时宜。统计资料也表明，国有企业在全要素生产率方面已经超过了私营、外资等非国有企业。如果说国有企业低效率这一命题值得商榷的话，那么国有企业的增长拖累是否成立便值得我们进一步讨论了。国外学者关于所有制与企业经济绩效的研究同样未能取得令人信服的结论，这其中既包括所有制与经济绩效相关的结论②（Dewenter & Malatesa，2001；Boardman & Vining，1989），也包括所有制与经济绩效不相关的结论

① 本章内容以《适度补贴、次优产权安排和长期经济增长》为题发表于《管理世界》2012年第7期。

② 强调所有制与经济绩效相关的结论认为，私营经济而非国有经济可以促进经济的发展。

(Kole & Mulherin,1997;Vickers & Yarrow,1999)。Tian(2001)认为,所有制与经济绩效存在 U 型关系。于是,在改革开放 30 多年后的今天,我们仍旧有必要回到国有企业低效率这一命题上来,对其重新加以审视,并谨慎地看待增长拖累,从而对国有企业的发展及当前存在的国进民退这一趋势做出更加公正、合理的评价。

要对国有企业做出公正、合理的评价,首先需要重新回到导致国有企业低效率的原因上来。传统观点认为,国有企业低效率的观点主要包括产权论(张维迎,1999)、政策性负担论(林毅夫等,1997)和隐性契约论(张军,1994)。其中,产权论认为,由于在产权安排上的固有缺陷(国家所有制),国有企业将产生委托—代理问题和效率损失;政策性负担论认为,历史遗留的问题和传统发展战略的特殊性,使得处于赶超战略下的国有企业承担了大量的政策性负担,并进一步导致国有企业经理人努力的程度不足和道德风险,最终导致效率低下;隐性契约论以国家为国有企业提供的隐性契约为出发点,认为国有企业对国家的“绑架”将使国有企业的预算约束软化,导致国有企业经理人努力程度不足和道德风险,那么,国有企业的低效率将不难理解。上述文献从不同的研究视角为国有企业的道德风险和软预算约束提供了解释,为深刻理解国有企业的低效率提供了重要思路。除此之外,上述三种研究结论的政策含义较为一致:改革国有企业在产权安排上有缺陷,应进一步建立与之相适应的经济和制度环境(建立公平、公正的市场经济体制)。上述文献以新自由主义经济学的产权和治理理论为基础,得出企业经理人的道德风险约束所引起的效率损失,进一步得出国有企业低效率以及增长拖累的推论。但企业经理人的道德风险约束是在企业已经建立的前提下才进行讨论的,如果企业尚未建立,讨论企业经理人的道德风险约束显然没有意义。在企业建立的过程中,生产风险[①]所引起的逆向选择约束将成为企业建立及产权结构选择的重要因素(拉丰、马赫蒂摩,2002)。很显然,新自由主义产权和治理经济学忽略了生产风险所引起的效率损失对企业产权结构

① 所谓生产风险,是指当企业面临高成本(高收益)且风险很高的项目时会趋向于选择低成本(低收益)且风险很小的项目。

的影响,从而使得出的研究结论(国有企业低效率)失之偏颇[①]。笔者认为:要想正确评价国有企业的效率及其对经济增长的作用,需要从企业产生的逻辑以及更加现实的经济环境——逆向选择约束和道德风险约束综合加以考察。

本章的边际贡献在于基于信息不完全假设对 Yang 和 Ng(1995)的企业交易效率演进模型进行扩展,得出不同经济环境下企业的最优产权结构,同时我们还利用新近发展的非线性技术(门限回归模型)对上述命题进行了验证。

4.2 理论模型

综上所述,要想对国有企业的效率及其对经济增长的作用进行公正、合理的评价,首先需要明确国有企业的企业属性。对于企业产生的原因,Coase(1937)认为,价格机制的运行存在着交易成本,企业组织的运行则存在着组织成本。当交易成本过大时,企业便会利用行政命令对价格机制进行替代,反之,则利用价格机制对行政命令进行替代,故企业的最优边界取决于企业的组织成本与交易成本相等的临界点。但是 Cheung(1974,1983)不同意交易成本对企业和市场最优边界的决定作用,他认为,企业和市场在本质上并无差别,企业只是以生产中间产品的劳动力市场替代了中间产品市场。当中间产品的交易效率小于生产中间产品劳动力的交易效率时,企业便会出现。Yang 和 Ng(1995)形式化了上述逻辑,他们的企业交易效率演进模型以信息对称为假设前提,这与现实的经济环境有很大出入。在现实经济环境中,企业不仅面临着生产风险,还面临着交易风险。其中,生产风险是指当企业面临着高成本(高收益)且风险很高的项目时会趋向于选择低成本(低收益)且风险很小的项目;交易风险是指当经理人面临高努力(高回报)且受到机会主义威胁的时候会选择低努力(低回报)且不会受到机会主义威胁的努力水平。生产风险源于中间产品的外部性和投资者的信息不完全,交易风险源于中间产品生产者努力水平的不可观测性与投资者——经理人的信息不对称。本章扩展了 Yang 和 Ng(1995)的企业交易效率模型,并在其基础上提出了一个内生生产风险和交易风险的企业交易效率动态演进模型,证

① 与此相关的经济事实是:前30年所取得的经济成就基本上是由国有企业完成的。很难想象,如果国有企业是低效率的,那么门类齐全的工业体系以及工业化的历史任务能在如此之短的时间(30年)内完成。很显然,强调国有企业的低效率与前30年的经济成就相冲突。

明不同经济环境下企业产权安排的决定因素。①

4.2.1 模型假设

假设在这样一个经济体中,存在着 M 个事前完全相同的微观经济主体,M 是一个连续统。在这个连续统中,每个生产者—消费者有如下的迂回生产体系:

$$\max U = \ln(y + ky^d) \quad (\text{效用函数}) \tag{4.1}$$

$$s.t.\ y + y^s = \max\{(x + tx^d)^c (l_y)^a, (l_y)^a\} \quad (\text{最终产品生产函数}) \tag{4.2}$$

$$x + x^s = \max\{\theta(l_x - f), 0\}^b \quad (\text{中间产品生产函数}) \tag{4.3}$$

$$l_x + l_y + m_1 + m_2 = 1 \quad (\text{禀赋约束}) \tag{4.4}$$

$$U_i^H \geqslant U_i^L,\ U_i \geqslant \bar{U}\ (\text{激励相容和参与约束}),\text{其中},\ i = A, D, E, F \tag{4.5}$$

其中,y、y^d、y^s、x、x^d、x^s 分别是最终产品 y 和中间产品 x 的自给量、消费量和供给量;k 是最终产品的交易效率,a 和 b 分别是最终产品和中间产品的专业化程度,c 是中间产品的利用效率(迂回生产程度),$\bar{U}$ 为决策者的保留效用;l_x、l_y 分别是中间产品和最终产品的劳动时间,θ 为随机生产力参数,t、f 分别是中间产品的交易效率和生产成本,两者均为随机变量,满足:

如果 $m_1 \geqslant \beta$,那么 $\theta = \begin{cases} \theta_H, \text{以概率 } \sigma \\ \theta_L, \text{以概率 } 1 - \sigma \end{cases}$,$f = \begin{cases} f_H, \text{以概率 } \sigma \\ f_L, \text{以概率 } 1 - \sigma \end{cases}$;

如果 $m_1 < \beta$,那么 $\theta = \theta_L$,$f = f_L$;

如果 $m_2 \geqslant \gamma$,那么 $t = \begin{cases} t_H, \text{以概率 } \rho \\ t_L, \text{以概率 } 1 - \rho \end{cases}$;

① 模型的时间线可定义为:投资人首先根据自己的实力选择进入的行业,然后经理人选择努力水平管理自己的企业,政府则会考虑是否选择补贴(当然,基于"父子关系"和甄别成本的存在,我们假设政府会对国有企业进行补贴),那么投资者选择成本函数和进入的行业便构成了生产风险约束,而企业建立后经理人努力水平的选择则构成了交易风险约束。由于前期投入巨大或者收益回收时间长(收益的不确定性),外部性较强的行业面临生产风险及投资不足,这时外部性企业尚未建立,经理人的努力水平(交易风险)只影响无生产风险行业的绩效或不影响企业绩效。如若企业已经建立,由于公司治理结构及市场发育的问题,经理人的努力水平便开始对生产风险行业的绩效产生影响,据此可以认为:交易效率与生产风险反向相关,与交易风险正向相关。这样,我们便将生产风险、交易风险及产权结构的选择内生于分工经济的演进(交易效率)和产权结构的选择之中,而交易效率的演进则实现了生产风险、交易风险的动态变化。

如果 $m_2 < \gamma$,那么 $t = t_L$。

这里,m_1、m_2 分别是微观经济决策主体为了避免生产风险和交易风险所耗费的劳动时间,β 和 γ 是介于 0 和 1 之间的参数,σ、$\rho \in (0,1)$。假定 $a + c > 1$,$a \in (0.5,1)$(Yang & Ng,1995)。同时,生产力、成本和交易效率参数满足条件:$0 < (\theta_L, f_L, t_L)^T < (\theta_H, f_H, t_H)^T < 1$。最终产品可以直接生产,也可以利用中间产品进行迂回生产。由于中间产品利用效率(c)的存在,中间产品的生产面临着外部性(生产风险)。中间产品生产者努力程度的不可观测性导致中间产品的生产面临交易风险。基于本章的研究目的和文献的通常做法,笔者忽略了最终产品的生产风险和交易风险。中间产品的生产风险和交易风险构成了信息不完全。另外,笔者假定存在以社会福利最大化为决策目标的政府,作为最终产品生产者的代表,通过一次性税收(T)对中间产品的外部性进行补贴,由于“父子关系”和甄别成本的存在,我们假定与民营企业相比,国有企业更容易得到政府的补贴。

4.2.2 模型求解

根据文定理和本章的研究目的,笔者以最终产品和中间产品的生产已经出现为逻辑起点,分析企业已经出现的两种结构:国有企业生产结构(S)和民营企业生产结构(P)。这两种结构又包含避免交易和生产风险(H)、不避免交易和生产风险(L)两种模式。在国有企业生产结构(S)中,最终产品生产者(投资人)不能鉴别经理人的努力程度,因而不能支付高工资,这导致企业面临交易风险,却有获得补贴的比较优势;与之相对应,在民营企业生产结构(P)中,中间产品生产者(投资者)由于掌握了企业的最终剩余索取权,可以很好地避免交易风险,但在接受补贴方面则不具有比较优势。[①] 为了表示简便,令 $\theta = \theta_H^{\sigma}\theta_L^{1-\sigma}$,$f = (1 - f_H)^{\sigma}(1 - f_L)^{1-\sigma}$,$s = s_H^{\rho}s_L^{1-\rho}$(结构S),

① 不得不承认,对于国有企业与民营企业应该如何划分,理论界尚未形成较为一致的看法。根据历史事实和普遍看法,剩余索取权和“父子关系”构成了国有企业与民营企业最显著的差异(科尔奈,1986;杨小凯、张永生,2000)。其中,国有企业的剩余索取权属于全体人民,政府作为全体人民的代表成为国有企业的事实所有者,并指派相应的经理人维护国有企业的日常经营,形成了政府与国有企业的“父子关系”,从而较易获得补贴;民营企业则相反,其剩余索取权属于个人,并且很难获得补贴。二者企业产权结构的差异决定了国有企业在弥补私人投资不足方面的比较优势和民营企业在弥补经理人努力水平(代理成本)方面的比较优势。

$r = r_H^{\rho} r_L^{1-\rho}$ (结构 P),可以求得上述两种模式的精炼贝叶斯—纳什均衡解①。

4.2.2.1　**国有企业生产结构**

在国有企业生产结构(S)中,政府作为最终产品生产者的代表掌握了剩余索取权,中间产品的交易方式由中间产品的劳动力市场所代替(其交易效率也由 t 变为 s)。在中间产品生产者信息不完全的前提下,基于甄别成本和"父子关系"的存在,政府可以对国有企业进行补贴并进一步避免生产风险($m_1 = \beta$);但中间产品投资者努力程度的不可观测性使其选择低努力水平,交易风险很难避免($m_2 = 0$)。于是,根据参与约束和激励相容条件(式4.5)、局部最优条件、效用均等化定理($U_x = U_y$)以及市场出清定理($M_x y^d = M_y y^s$),可以解得国有企业最终的效用水平(U_S^{SB})为

$$U_S^{SB} = c\ln ck\theta^2 s_L^b + (1-c)\ln(1-c) + (2bc-c)\ln(1-f)(1-\beta) + a\ln(1-\beta) \tag{4.6}$$

国有企业生产结构节约的生产风险成本(ΔU_S^{AS})和产生的交易风险损失(ΔU_S^{MH})分别为

$$\Delta U_S^{AS} = 2c\sigma\ln\frac{\theta_H}{\theta_L} + (2bc-c)\left[\sigma\ln\left(\frac{1-f_H}{1-f_L}\right) + \ln(1-\beta)\right] + a\ln(1-\beta) \tag{4.7}$$

$$\Delta U_S^{MH} = bc\rho\ln\frac{s_H}{s_L} + (2bc+a-c)\ln\left(\frac{1-\beta-\gamma}{1-\gamma}\right) \tag{4.8}$$

4.2.2.2　**民营企业生产结构**

国有企业生产结构虽然避免了生产风险成本,但也因为交易风险的存在而产生效率指数。随着微观经济主体的日益成熟,外部性的作用逐步下降(姚洋、郑东雅,2008),生产风险成本与交易风险成本此消彼长,那么将剩余索取权赋予中间产品生产者,进一步雇佣最终产品生产者的民营企业生产结构(P)就会出现(有利于解决中间产品生产者的努力水平问题)。这时中间产品生产者具有剩余索取权,最终产品的交易方式被最终产品的劳动力市场所代替(其交易效率也由 t 变为 r)。重复结构 S 的求解方式,可以解得民营企业最终的效用水平(U_P^{SB}),即

$$U_P^{SB} = c\ln\theta_L + \ln cr + (1-c)\ln k(1-c) + (bc-1)\ln(1-r)(1-f_L) +$$

① 博弈均衡解的实现过程见附录 A。

$$a\ln(1-r) \tag{4.9}$$

民营企业生产结构节约的交易风险成本(ΔU_P^{MH})和产生的生产风险损失(ΔU_P^{AS})分别为

$$\Delta U_P^{MH} = \rho\ln\frac{r_H}{r_L} + (a+bc-1)\ln(1-\gamma) \tag{4.10}$$

$$\Delta U_P^{AS} = c\sigma\ln\frac{\theta_H}{\theta_L} + (bc-1)\left[\sigma\ln\left(\frac{1-f_H}{1-f_L}\right) + \ln\left(\frac{1-\beta-\gamma}{1-\beta}\right)\right] + a\ln\left(\frac{1-\beta-\gamma}{1-\beta}\right) \tag{4.11}$$

4.2.3 一般均衡超边际分析

根据姚定理求解一般均衡结构,可以解得:

(1)当 $k < k_0$ 时, $U_P^{SB} < U_S^{SB}$, $\Delta U_S^{MH} < \Delta U_P^{AS}$, $\Delta U_S^{AS} > \Delta U_P^{MH}$;

(2)当 $k > k_0$ 时, $U_P^{SB} > U_S^{SB}$, $\Delta U_S^{MH} > \Delta U_P^{AS}$, $\Delta U_S^{AS} < \Delta U_P^{MH}$ 。

其中, $\ln k_0 = \frac{1}{1-2c}\left\{\sigma\left[c\ln\frac{\theta_H}{\theta_L} + (bc-1)\ln\left(\frac{1-f_H}{1-f_L}\right)\right] + c\ln s_L^b - \ln r + c\ln\theta\right\} + \frac{1}{1-2c}\left[(bc-c-1)\ln(1-f) - (1-c)\ln c + (2bc+a-c)\ln(1-\beta) - (a+bc-1)\ln(1-\gamma)\right]$ (4.12)

由式(4.12)可以发现:当交易效率较低($k < k_0$)时,分工经济还未充分展开,围绕现代市场经济构建的法律体系还未建成,政府职能也未界定明确。尤为重要的是,现代市场经济所需要的成熟微观经济主体尚未形成,那么生产风险引起的效率损失便占据了效率损失的主要方面。很显然,此时,制约企业经济绩效的不再是经理人的努力水平问题,而是怎样在原始市场经济中避免私人投资不足以及技术外溢性问题(生产风险),因此将生产风险转嫁给政府(或者是全体人民)的国有企业生产结构无疑更具比较优势。此时国有企业节约的生产风险成本大于民营企业节约的交易风险成本($\Delta U_S^{AS} > \Delta U_P^{MH}$),国有企业的交易风险损失小于民营企业的生产风险损失($\Delta U_S^{MH} < \Delta U_P^{AS}$)。同时,国有企业因为能够避免私人投资不足及技术外溢性问题,在经济发展的初期会选择具有高成本高收益的风险项目,如果再辅之以合理的政府干预和产业支持政策,现实经济便会因为避免生产风险而实现合意的经济增长,这也正是“三位一体”制度安排的合理性所在(林毅夫

等,1994)。

随着交易效率的演进($k>k_0$)和分工经济的充分展开,市场经济逐步完善和成熟,与之相配套的各项法律法规逐步建成,政府干预经济的手段日益规范化,现代市场经济所需要的微观经济主体日益活跃和成熟,传统市场经济向现代市场经济迈进。那么一个很自然的结果便是:中间产品生产者的信息不完全逐渐减弱,经理人努力水平对企业效率的提升日益重要,导致交易风险逐渐取代生产风险成为效率损失的主要层面,制约企业经济绩效的主要方面从生产风险约束转为交易风险约束,那么将剩余索取权赋予中间产品生产者以解决交易风险的民营企业生产结构(P)便成为一种次优选择。此时,民营企业节约的交易风险成本大于国有企业的生产风险成本($\Delta U_S^{MH}>\Delta U_P^{AS}$),民营企业的生产风险损失小于国有企业的交易风险损失($\Delta U_S^{AS}<\Delta U_P^{MH}$)。在交易风险取代生产风险成为效率损失的主要层面的前提下,国有企业产权结构的低效率成为一种必然(具体表现在政策性负担及代理成本等方面)。另外,国有企业的低效率还造成对地区公共服务的挤出效应和民营经济的举步维艰,即增长拖累(刘瑞明、石磊,2010),此时市场化和产权改革便显得尤为重要,并成为实现持续经济发展的必要条件,这也是改革开放以来"中国经济增长奇迹"能够实现的重要原因。

因此,既然国有企业的低效率及增长拖累需要以交易效率的高效率为前提,那么我们可以进一步推论:如果国有企业的效率为正,说明节约的生产风险成本大于损失的交易风险成本,其净效应为正,且有利于经济增长;反之,则说明节约的生产风险成本小于损失的交易风险成本,净效应为负,且不利于经济增长,进而会形成增长拖累。

基于上述分析,可以得出如下命题:

命题1:当交易效率较低时,由于生产风险引起的效率损失占据了效率损失的主要方面,国有企业的生产结构将成为次优的产权安排,并进一步促进经济增长;随着交易效率的演进,一旦超过了临界点 k_0 ,生产风险成本将逐渐被交易风险成本所替代,并进一步成为效率损失的主要方面,那么民营企业的生产结构将成为次优的产权安排,进而促进经济增长。

4.3 实证检验

由上所述，本章得出国有企业低效率及其增长拖累的临界交易效率条件①，并进一步利用门限回归模型对上述临界交易效率条件进行了验证。本章选取1985—2009年中国大陆29个省份非平衡面板数据构造变量，其定义和计算方法见表4-1。

4.3.1 数据和变量定义

本章选取地区GDP增长率(REGDP)和地区人均GDP增长率(PERGDP)作为因变量，反映地区经济增长；选取国有经济比重(SOE)、国有经济增加值增长率(SOE1)和国有职工比重(SOE2)作为核心解释变量，反映国有企业效率(刘瑞明、石磊，2010；洪功翔，2011)；选取交易效率作为门限变量，验证所有制与经济增长的非线性关系，具体计算方法见表4-1②。为了控制其他影响经济增长的重要因素，参照传统研究文献的做法，本章选取政府作用(GOV)、城市化率(UBR)、投资增长率(FAR)、外商直接投资水平(FDI)、宏观经济波动指数(GDP)开放程度(OPEN)6个指标作为控制变量，而舍弃了教育水平这个指标，原因在于教育水平对经济增长的作用我们已经在交易效率指数中进行了反映。基本的描述性统计结构见表4-2。

① 对于国有企业经济效率所表现出来的动态趋势，现有文献(洪功翔等，2011)已经进行了部分验证，故本书不再证明"国有企业动态效率"这一命题，而是将其作为既定事实。

② 交易效率是新兴古典经济学的核心概念，由杨小凯(2000)提出并使用，遗憾的是，杨小凯并未对交易效率进行系统的定义。按照杨小凯的思路，赵红军(2005)对交易效率进行了定义：交易效率特指一定时间内一国经济体中交易活动(与商业活动相联系)或业务活动(与行政活动相联系)进行的速度快慢或效率高低。部分学者还对交易效率的计量问题进行了研究。例如：高帆(2007)从交易制度(市场、信用和信贷交易效率)和交易技术(交通、信息和技术交易效率)两个方面对交易效率进行了分解。基于数据的可得性，笔者从交通、信息和金融三个方面对交易效率进行了分解。其中，交通和信息交易效率衡量了交易技术对交易效率的影响，金融交易效率衡量了交易制度对交易效率的影响。另外，内生增长理论和新兴古典增长理论也证实：随着分工经济的深化和市场经济的不断成熟(交易效率演进)，教育以及在此基础上的创新在经济发展中将发挥日趋重要的作用。于是，我们也做了初步的努力，将其纳入交易效率指标的核算中。但与高帆(2007)不同的是，计算综合交易效率时，本书采用的是加权平均，替代了最初的简单平均。

表 4－1 数据和变量定义

<table>
<tr><th>变量性质</th><th colspan="2">变量名称</th><th colspan="2">变量含义</th><th colspan="2">具体计算方法</th></tr>
<tr><td rowspan="2">被解释变量</td><td colspan="2">REGDP</td><td colspan="2">地区 GDP 增长率</td><td colspan="2">（地区国内生产总值指数－100）/100</td></tr>
<tr><td colspan="2">PERGDP</td><td colspan="2">地区人均 GDP 增长率</td><td colspan="2">（地区人均国内生产总值指数－100）/100</td></tr>
<tr><td rowspan="3">核心解释变量</td><td colspan="2">SOE</td><td colspan="2">国有经济比重</td><td colspan="2">地区国有经济固定资产投资额/地区经济固定资产投资额</td></tr>
<tr><td colspan="2">SOE1</td><td colspan="2">国有经济增加值增长率</td><td colspan="2">地区国有经济增加值/上年地区国有经济总值</td></tr>
<tr><td colspan="2">SOE2</td><td colspan="2">国有职工比重</td><td colspan="2">地区国有单位职工人数/地区职工总人数</td></tr>
<tr><td rowspan="4">门限变量</td><td rowspan="4">TE</td><td>TR</td><td rowspan="4">交易效率</td><td>交通交易效率</td><td rowspan="4">先以四种行业比重为权数，然后进行加权平均</td><td>对每万人的人均铁路、公路和航运里程数进行标准化，然后按货物比重进行加权平均</td></tr>
<tr><td>IN</td><td>信息交易效率</td><td>对每万人的人均固定电话、移动电话和国际互联网进行标准化，然后进行简单平均</td></tr>
<tr><td>FI</td><td>金融交易效率</td><td>对金融和保险占 GDP 的比值进行标准化</td></tr>
<tr><td>EDU</td><td>教育交易效率</td><td>对公共财政在教育、科学研究行业上的支出占政府总支出的比重进行标准化</td></tr>
<tr><td rowspan="6">控制变量</td><td colspan="2">GOV</td><td colspan="2">政府作用</td><td colspan="2">地区政府消费额/地区国内生产总值</td></tr>
<tr><td colspan="2">UBR</td><td colspan="2">城市化率</td><td colspan="2">地区非农人口数/地区总人口数</td></tr>
<tr><td colspan="2">FAR</td><td colspan="2">投资增长率</td><td colspan="2">地区经济固定资产投资增加额/上年地区经济固定资产投资额</td></tr>
<tr><td colspan="2">FDI</td><td colspan="2">外商直接投资水平</td><td colspan="2">地区实际利用外商直接投资/地区国内生产总值</td></tr>
<tr><td colspan="2">GDP</td><td colspan="2">宏观经济波动指数</td><td colspan="2">经 HP 滤波调整的宏观经济波动指数</td></tr>
<tr><td colspan="2">OPEN</td><td colspan="2">开放程度</td><td colspan="2">地区进出口总额/地区国内生产总值</td></tr>
</table>

注：上述资料来源于《新中国五十五年统计资料汇编》和各年统计年鉴。地区实际利用外资数额和地区进出口总额的原始数据，我们通过中间汇率进行了相应调整。我们以 1985 年为基期，在换算出定基价格指数后，相应变量也用定基价格指数进行了剔除。

表 4-2 描述性统计结果

变量名称	均值	标准差	最大值	最小值
REGDP	0.0927	0.0438	0.1827	0.0321
PERGDP	0.0817	0.0321	0.1521	0.0217
SOE	0.4823	0.1723	0.6931	0.2714
SOE1	0.4913	0.1638	0.7123	0.2154
SOE2	0.5138	0.1527	0.6954	0.3021
TE	0.4571	0.1823	0.6723	0.0724
GOV	0.1647	0.0241	0.2223	0.1014
UBR	0.3024	0.1285	0.4659	0.1832
FAR	0.1827	0.0712	0.2315	0.0731
FDI	0.3128	0.1324	0.4423	0.1512
GDP	0.1221	0.0432	0.1322	0.0217
OPEN	0.4831	0.1729	0.6659	0.2271

4.3.2 检验模型

面板门限回归模型是近年来发展起来的非线性计量经济学模型,是对分组检验方法的重要扩展。根据 Hansen(1996,1999,2000)的研究结果,本章提出存在一个门限的面板门限回归模型:

$$y_{it} = \mu_i + \theta_1 x_{it} I_i(q_i \leqslant \gamma) + \theta_2 x_{it} I_i(q_i > \gamma) + \sum_{j=1}^{n} \alpha_j Control_{jt} + e_{it} \tag{4.13}$$

其中,x_{it} 为解释变量,是一个 m 维的列向量;q_i 为门限变量,它既可以是解释变量 x_{it} 中的一个回归元,也可以是独立于 x_{it} 的一个变量;γ 为门限值,它将上述样本分为两组,$I_i(\gamma) = \{q_i \leqslant \gamma\}$ 为指示函数,当 $q_{1i} \leqslant \gamma$ 时,$I_i(\gamma) = 1$,否则为 0;$Control_{jt}$ 为控制变量;μ_i 为不可观测效应;θ_1 、θ_2 和 α_j 门限值 γ 分别为待估参数;e_{it} 为残差。

4.3.3 面板门限模型估计结果

在估计门限值时,需要运用格子搜索(Grid Search)进行寻找。笔者首先对计算出的交易效率数据进行升序排列，并根据 Hansen（2000）的建议忽略掉前后各约 10% 的观测值，然后选取不同的交易效率值作为门限值进行估计并获取其残差。接着按照残差平方和最小原则找到门限估计值，然后利用自助抽样法模拟似然比检验统计量及其临界值（本章重复次数为 3000 次），以进一步检验是否存在着门限效应。门限效应检验的具体结果见表 4－3。

表 4－3　交易效率（TE）的门限效应检验结果

门限变量	H_0	H_1	Wald F 统计量	LR 统计量	结论
交易效率（TE）	无门限效应	1 个门限	30.0817 （0.0023）	3.0723 （0.0000）	拒绝 H_0
	1 个门限	2 个门限	15.9924 （0.0147）	5.3214 （0.0081）	拒绝 H_0
	2 个门限	3 个门限	8.3842 （0.1577）	18.2438 （0.1524）	接受 H_0

注：括号内为 Boostrap 仿真得到的 P 值。

表 4－3 的门限效应表明：交易效率（TE）搜索到的第 1 个门限估计值是 0.1832，其对应的残差平方和（$S_1=170.32$）达到最小，门限检验的 F 统计量为 30.0817，P 值为 0.0023，拒绝了无门限效应的原假设，然后进行似然比检验，LR 统计量为 3.0723，通过了 1% 的显著性水平检验，表明了 $\hat{\gamma}_1=0.1832$ 的有效性。紧接着固定第 1 个门限值（0.1832），继续利用“格子搜索”寻找第 2 个门限变量，得到相应的门限值 $\hat{\gamma}_2=0.4827$，其对应残差平方和为 $S_2=142.15$；进行门限检验，得到的 F 统计量为 15.9924，P 值为 0.0147，拒绝只存在 1 个门限的假设，然后进行似然比检验，LR 统计量为 5.3214，表明了第 2 个门限结果的真实性。继续搜索第 3 个门限值，其值为 0.1153，此时对应的 F 统计量为 8.3842，P 值为 0.1577，拒绝存在 3 个门限的假设。于是我们确定存在两个门限值，分别为 0.1832 和 0.4827。

在确立了相应的门限估计值后，本章建立了相应的面板门限方程，并利用 Mathlab 7.0 对模型进行估计，结果见表 4－4。

表 4－4　面板门限模型计量检验结果

解释变量		REGDP(地区 GDP 增长率)			PERGDP(地区人均 GDP 增长率)		
		(1)	(2)	(3)	(1)	(2)	(3)
常数项		-0.1022*	-0.1092*	-0.1332**	-0.0732	0.0375***	0.0322
SOE(TE)	(0,0.1832]	0.1715**			0.1671**		
	(0.1832,0.4827]	0.0632**			0.0932***		
	(0.4827,1]	-0.0723***			-0.0732**		
SOE1(TE)	(0,0.1832]		0.2132***			0.1675**	
	(0.1832,0.4827]		0.0748***			0.0392***	
	(0.4827,1]		-0.1231**			-0.0784**	
SOE2(TE)	(0,0.1832]			0.1321*			0.1574**
	(0.1832,0.4827]			0.0417*			0.0823***
	(0.4827,1]			-0.1627**			-0.0721**
控制变量	GOV	-0.1024*	-0.1332**	-0.0921**	-0.0096***	-0.1021*	-0.0438**
	UBR	0.1321*	0.0721*	0.0322	0.0328**	0.0635**	0.0632***
	FAR	0.0731	0.0624**	0.1823***	0.0532*	0.0372*	0.1178
	FDI	0.1238	0.1078	0.1217*	0.1721	0.0617	0.0178*
	GDP	0.2011*	0.1221**	0.2632**	0.2516*	0.1417**	0.1026**
	OPEN	0.0924	0.0345*	0.0112***	0.1367	0.1021**	0.1261
R^2		0.6627	0.5931	0.4217	0.7217	0.6328	0.5771
Hauseman Test		72.1427***	61.0542**	41.3387**	80.2438***	71.0921***	66.2351***
F Test		39.8217***	24.0625***	18.2887**	20.0523**	27.2442***	18.2871**

注：***、**、*分别代表1%、5%和10%的显著性水平。

根据表 4－4 可以发现：模型的判定系数(R^2)为 50%～70%，表明模型良好的解释力度。从地区 GDP 增长率的回归结果来看，核心解释变量均存在较为明显的门限效应，且系数均通过了 1% 的显著性水平检验。核心解释变量的回归结果表明：

(1)当交易效率小于 0.1832 时，市场还不完善，同时缺乏成熟的微观经济主体，相应的分工经济也尚未充分展开，此时国有企业的产权结构能从政府方面获得补贴，因而能够很好地弥补生产风险，交易风险虽然存在却不太重要，于是国有企业的产权安排便成为早期经济发展（市场不成熟时）的重要动力，其回归系数（SOE、SOE1 和 SOE2）分别为 0.1715、0.2132 和 0.1321。

（2）随着交易效率的演进（交易效率在 0.1832 和 0.4827 之间时）和分工经济的充分展开，市场成熟度逐步上升，微观经济主体逐渐成熟，生产风险的重要性和国有企业对经济增长的积极作用逐步下降，系数分别降低至 0.0632、0.0748 和 0.0417。

（3）随着交易效率的继续演进并超过临界点 0.4827 时，市场已经逐步完善，微观经济主体充分成熟，生产风险的重要性进一步下降并日益被交易风险所取代，此时国有企业因为无法避免交易风险成本而成为低效率的产权安排，那么国有企业的低效率及其对经济发展的增长拖累便不难理解了。从模型上来看，核心解释变量的系数由正转负，分别为 -0.0723、-0.1231和 -0.1627。

另外，控制变量的回归结果中，政府作用（GOV）对经济增长的系数为负，表明过高的政府干预对经济发展有负面影响；投资增长率（FAR）和宏观经济波动指数（GDP）对地区经济增长的系数为正，实际利用外资和开放度的系数未通过显著性水平检验①。控制变量的回归结论与刘瑞明、石磊等（2010）的研究结果基本一致。地区人均 GDP 增长率的回归结果与地区 GDP 增长率回归结果相似，本章不再详述。

4.3.4 稳健性检验

通过面板门限估计结果，本章证实了国有经济对地区经济增长的非线性关系。但模型中核心解释变量、控制变量与被解释变量的双向因果关系可能引起面板门限回归模型估计的偏误。鉴于上述缘由，我们的稳健性检验包括三部分：①去掉控制变量后运用门限面板技术直接对核心控制变量与被解释变量进行回归，以消除控制变量的内生性；②基于 Kremer（2011）的研究结论，利用控制变量、核心解释变量和被解释变量进行面板门限 GMM

① 其原因主要包括：a. FDI 和 OPEN 这两个变量与经济增长的关系本来就未取得一致的结论，而最新的研究认为这两个变量与经济增长可能存在着非线性关系（Wu & Hsu，2008）；b. FDI 和 OPEN 可能与核心解释变量存在着相关性，并进一步引起多重共线性问题。

估计,以消除核心解释变量与被解释变量的内生性;③去掉控制变量后,利用核心控制变量与被解释变量进行面板门限 GMM 估计,进一步解决控制变量、核心解释变量和被解释变量的内生性问题。

首先,本章去掉控制变量后直接利用门限回归模型进行估计,结果表明:去掉控制变量后,核心解释变量与被解释变量的估计结果与理论预期仍旧一致。由于篇幅所限,本章不再详述。

其次,我们基于 Kremer 等(2009)的研究结论进行面板门限 GMM 估计。在进行面板门限 GMM 模型的估计前,首先需要依据 Caner 和 Hansen(2004)所提出的研究方法,运用 TSLS 方法(以交易效率的滞后一期和二期为工具变量)搜索到门限值,具体结果表 4-5。

表 4-5 交易效率(TE)的 TSLS 门限效应检验结果

门限变量	H_0	H_1	Wald F 统计量	LR 统计量	结论
交易效率(TE)	无门限效应	1 个门限	18.2248 (0.0102)	8.2882 (0.0217)	拒绝 H_0
	1 个门限	2 个门限	8.0832 (0.1602)	11.1428 (0.1033)	接受 H_0

注:括号内数值为 P 值。

表 4-5 的 TSLS 门限效应检验结果表明,模型只存在一个门限值 0.3638,进一步的 F 检验和 LR 统计量也证实了只存在一个门限值的结论。在搜索到相应的门限值后,Kremer 等(2009)通过 Arellano 和 Bover (1995)所提出的前向正交离差转换(Forward Orthogonal Deviation Transformation)来消除不可观测效应(μ_i)和内生性。于是,基于内生机制变量的滞后项与内生解释变量不相关的研究前提,本章分别以内生解释变量(SOE、SOE1 和 SOE2)的滞后一阶和二阶为工具变量对利用门限值分割的样本进行面板门限 GMM 估计,结果见表 4-6。

表 4-6 稳健性检验结果

解释变量	面板门限 GMM 估计(PERGDP)					
	(1)	(2)	(3)	(1)	(2)	(3)
常数项	0.0428*	0.0154*	0.0321	-0.1128	-0.0726	0.0322*

续表

解释变量		面板门限 GMM 估计(PERGDP)					
		(1)	(2)	(3)	(1)	(2)	(3)
SOE (TE)	(0,0.3638]	0.1512 *			0.1038 *		
	(0.3638,1]	-0.0724 *			-0.0534 *		
SOE1 (TE)	(0,0.3638]		0.1032 *			0.1027 * *	
	(0.3638,1]		-0.0654 * *			-0.1217	
SOE2 (TE)	(0,0.3638]			0.0718 * *			0.0927 * *
	(0.3638,1]			-0.0534 * *			-0.1123
控制变量		显著	显著	显著			
R^2		0.3628	0.2817	0.2517	0.0638	0.1012	0.0924
F Test		20.3212 * *	16.7121 * *	18.0074 * *	10.3322 * *	12.1837 * *	9.0323 *
Sargan 检验		1.0428	1.9912	0.0135	1.9823	1.2109	0.1128

注:地区 GDP 增长率与地区人均 GDP 增长率的回归结果相似,具体结果不再一一列示。* * *、* *、* 分别代表 1%、5% 和 10% 的显著性水平。

为了消除核心解释变量与被解释变量的内生性,本章利用表 4 - 1 所提供的数据直接进行面板门限 GMM 估计,估计结果大部分显著,Sargan 检验也说明了工具变量的有效性,但模型的解释力度有所下降。

综上所述,不论是剔除控制变量后的面板门限估计还是进一步的面板 GMM 估计,系数的方向都与表 4 - 4 的估计结果相似,表明国有企业的低效率是以交易效率的高效率为前提的,否则,国有企业的低效率及其对经济发展的增长拖累很难成立,这进一步表明了本章结果的稳健性。

上述研究结果证实了国有企业的低效率需要以交易效率的高效率为前提。一方面,传统研究从市场失灵角度说明国有企业存在的必要性,根据我们的研究结论,市场失灵其实反映了生产风险较大和交易效率较低的低水平分工模式。此时,即使交易风险所引起的代理成本存在,也被避免生产风险的收益所抵消(例如模糊产权以及兼顾其他就业、社会福利及隐性担保的模式),从而避免了产权论、政策性负担论和隐性负担论,只能解释国有企业低效率的偏误。另一方面,产权论、政策性负担论及隐性契约论指出了国有企业低效率的根源——代理成本过高。这种经济环境实际描述了交易风险较大和交易效率较高的高水平分工模式。此时,交易风险所引起的代理成本已经很大,而避免生产风险带来的收益也因为外部性的逐步下降(姚洋和郑东雅,2008)日益缩小,其净效应为负,那么以解决交易风险为主题的一系列改革(产权改革、“甩包袱”及现代公司治理结构)便显得势在必行。可以说,本章的结论将产权论、政策性负担论及隐性契约论和市场失灵论综合到一起,认为不同的经济环境所决定的产权结构从来都不是单一的,脱离当时的经济环境抽象地谈论国有企业的效率与非效率问题的合理性值得商榷。

4.4 结论性评述

国有企业低效率这一命题从改革开放之初便已出现,很多学者也利用相关数据对此进行了验证,结论证实了低效率的命题并得出进一步的改革方向:构建现代公司治理结构,完成传统国有企业向现代国有企业的转变。部分学者以国有企业的低效率为前提,进一步得出增长拖累这一研究命题,从而使对国有经济效率的讨论更加扑朔迷离。然而,国有企业真的是低效率的吗?我们不说股改以后国有企业效率的大幅提升,即使1949—1978年的经济发展,也使国有企业低效率的研究结论存在争议。[①] 很难想象:一个效率如此之低的国有企业,能够用短短的30年时间完成工业化的任务。而这次产业升级,英国用了150年,美国用了100年。

按照上述逻辑,笔者回到国有企业的企业属性上来,在信息不完全的前提下,从生产风险和交易风险两个方面对Yang和Ng(1995)的企业交易效率模型进行了扩展,得出国有企业的低效率要以交易效率的高效率为前提的

① 当然,国有企业高效率这一命题是建立在生产风险已经成为效率损失主要来源这一前提下的。我们认为:前30年的改革的效率源于避免了生产风险引起的效率损失,但随着外部性的重要性逐步下降(姚洋等,2008),生产风险也日益被交易风险所替代而成为效率损失的主要来源,那么国有企业的效率自然便开始下降,这也是我国后30年改革的主因,传统的强调国有企业低效率的结论也恰好反映了交易风险已经成为效率损失主要方面这一交易环境。因此,强调国有企业的高效率与传统的认为国有企业低效率的结论并不矛盾,本书只是强调国有企业的效率与非效率需要一定的前提。

结论。[①]。如果交易效率较小,分工水平以及市场成熟度也较低,那么国有企业的产权安排将因为有效地节约了生产风险成本而成为一种次优选择,并促进经济增长;反之,国有企业将因为无法克服日益上升的交易风险成本而不利于经济发展,进一步形成增长拖累,随后的门限回归结果进一步验证了上述思想。很显然,上述结论无疑证实了新中国成立60多年来的经济发展轨迹。新中国成立之初,战争的巨大破坏力使国民经济濒临崩溃,此时的市场极端不健全,更不要说通过民营经济实现经济发展(集中表现为民营经济的产业分布存在先天性缺陷)。于是,“三位一体”(林毅夫等,1994)的宏观发展战略(扭曲的宏观政策环境、高度集中的资源计划配置制度和没有自主权的微观经营机制)有效地弥补了私人投资不足所造成的效率损失(姚洋、郑东雅,2007,2008),使我国迅速实现国民经济的恢复,并在短短30年的时间里完成了工业化的历史任务,顺利实现第一次产业升级,门类齐全的工业体系基本建成,并为后30年的“中国发展奇迹”打下了坚实的基础,即低价工业化战略(中国经济增长与宏观课题组,2003—2008年)。然而,随着交易效率的演进和重工业外部性的逐渐下降(姚洋、郑东雅,2007),生产风险逐渐被交易风险所代替,并成为效率损失的主要方面,此时私营企业的产权结构无疑更具比较优势,那么国有企业的低效率及其增长拖累便成为必然,而后30年的国企改革便成为改革开放的主线之一,并成为后30年经济发展奇迹的重要动力。很显然,改革早期学者们所得出的研究结论忽视了生产风险对企业产权结构的重要影响,所得出的结论也失之偏颇。

那么,我们又该如何理解现阶段存在的“国进民退”趋势呢?应该看到,前改革时代以解决交易风险成本为主要任务的产权改革固然为30年的经济增长奇迹注入了众多活力(集中表现为人口红利、体制红利和贸易红利对经济增长的促进作用),但也很难解决“二次产业升级”和“现代化”过程中的自主创新难题(生产风险),这进一步导致民营企业发展的举步维艰。而在完成了现代公司治理结构的改造后,国有企业的交易风险成本已经得到较

① 传统研究方法(成本—收益分析)以既定的制度和经济环境为背景,从而得出静态的研究结论(国有企业低效率)。但根据我们的分析,不同的经济发展阶段,经济和制度环境是不断动态变化的(具体表现为交易效率演进),这决定了最优产权结构的决定具有动态性,即不同经济发展阶段的最优产权安排不同。本书提供的模型形式化了上述思想,据此笔者认为:对于国有企业效率及其对经济增长作用的评价,应该结合当时具体的经济环境,从生产风险和交易风险两个方面综合加以考虑,从而避免在既定经济和制度环境下静态探讨国有企业效率、非效率及增长拖累等问题的缺陷。

大幅度的控制，其规模优势和补贴优势不失为解决生产风险成本的有效方式。那么，"国进民退"从某种程度上说便反映了国有企业的"创新红利"和民营企业的"创新困局"。这是不是说"国进民退"就一定是正面的呢？显然，并非如此。笔者强调，对国有企业、民营企业效率的评价应该结合当时具体的经济和制度环境，脱离当时具体的经济和制度环境而抽象地谈论国有企业的效率与非效率问题，所得出的研究结论是值得商榷的。笔者认为，国有企业与民营企业均有自己的比较优势，强调所有制本身对经济发展的效率是无意义的，我们更应该关注的是在不同的经济发展阶段选取合适的产权结构。要想让民营企业发挥自己的比较优势，不断地培育市场，围绕现代市场经济体系构建起所需的文化、法律及现代政府调控体系便成为必然。

5　产权结构的宏观动态效率Ⅱ：“金融溢出”效应及其临界条件[①]

5.1 引言

回顾30年来中国所实现的“经济增长奇迹”，来自金融和产权方面的改革功不可没。一方面，改变了以往压低要素价格、扭曲资源配置的金融环境，实现了金融领域的逐步深化（谈儒勇，1999；周立、王子明，2002；冉光和等，2006）；另一方面，高度集中、缺乏自主管理权的传统国有企业逐渐退出历史舞台，实现了向现代公司治理结构的逐步转变（张维迎，1999；张军等，2006）。诚然，金融深化与产权改革早已被证明是实现经济增长的重要条件（McKinnon，1973；Shaw，1973；King & Levine，1993；Levine，1997；Greenwood & Smith，1997；Alchain，1965，1969；Furubotn & Pejovich，1972；Alessi，1983），但很多文献也证明金融发展和产权改革只是实现经济增长的充分而非必要条件（Stiglitz & Weiss，1994；Kole & Mulherin，1997；Vickers & Yarrow，1999；Tian，2001）。这就意味着在金融和产权改革之外还有更深层次的原因亟待发掘，仅仅通过金融和产权领域的改革还不足以理解上述“经济增长奇迹”。

就现有研究而言：对“经济增长奇迹”的解释更多的是以计划经济时代金融抑制的制度环境为背景，考察了代理成本（张维迎，1999）、隐性担保（张军，1994）和政策性负担（林毅夫等，1997）等因素所引起的国有企业低效率及其增长拖累（刘瑞明、石磊，2010；刘瑞明，2011），从而得出金融深化和产权改革的

① 本章内容分别以《风险约束、市场深化和产权结构的动态演变》和《金融战略、产权结构与经济增长的门限效应》为题发表于《当代经济科学》2012年第5期和《财经研究》2012年第6期。

政策建议。然而,在脱离了当时的制度环境后,国有企业仍然是低效率的吗?

本章发展出来的一个理论模型表明:脱离具体的经济和制度环境,抽象地谈论国有企业的效率与非效率问题的合理性是值得商榷的。不同的经济发展阶段,基于社会福利最大化目标的企业产权结构从来都不是单一的。于是,本章在我国转轨经济市场不断深化的大背景下,抓住制度变迁领域金融和产权改革两大特征,以信息不对称为假设前提,引入生产风险和交易风险两个概念动态模拟不同的经济和制度环境,在 Yang(1999)的观点的基础上发展了内生生产风险和交易风险的新兴古典投资—储蓄模型,证明金融深化和产权改革之所以能够促进经济增长,得益于市场的不断深化和风险约束的转移。当市场失灵或缺失,生产风险成为效率损失的主要来源时,金融约束与传统的国有企业产权结构同样可以实现一定的经济增长。其中,生产风险是指当企业面临高成本(高收益)且风险很高的项目时会趋向于选择低成本(低收益)且风险较小的技术。企业的交易风险是指当经理人面临高努力(高回报)且受到机会主义威胁时会选择低努力(低回报)且不会受到机会主义威胁的努力水平。生产风险源于中间产品的外部性,交易风险源于中间产品生产者努力水平的不可观测性。

5.2 文献综述与理论研究框架

在经济发展进程中,金融与经济发展关系的探讨贯穿经济发展过程的始终。金融是现代经济运行的核心和枢纽,经济的发展离不开金融的发展,而金融的发展对经济增长也具有很强的促进作用。现代金融理论证明:金融领域的不断深化通过提供经济信息(Gurley & Shaw,1955)、优化资源配置(McKinnon,1973;Shaw,1973)、促进资本积累和技术进步(Levine,1997)以及为交易提供支付和清算系统(King & Levine,1993)等方式促进经济发展。从国际经验看,大量实证文献也证实了金融发展与经济增长之间的正反馈关系(Goldsmith,1969;King & Levine,1993;Levine,1997)。

金融发展对经济增长的促进作用是不言而喻的,但一个令人费解的现象是,大量的金融抑制普遍存在于广大发展中国家,具体包括“人为规定利率上限,限制发放贷款的规模,定向分配低息贷款以及约束金融机构的业务范围等”(Mckinnon,1973;Shaw,1973)。以中国为例,广泛的金融抑制现象构成了中国金融、银行体系最为明显的特征:以压低要素价格为主要特征的中国金融体系首先为重工业优先发展战略提供了低成本的资金来源,并一直持续至今(卢峰、姚洋,2005),进而导致总体的经济增长产生了较为严重的福利损失。例如,Roubini 和 Sala - i - Martin(1992)、King 和 Levine(1993)的研究结论便描述了金融抑制的负面效应。其中,Roubini 和 Sala - i - Martin(1992)的研究发现,获得铸币税使政府具有实行金融抑制的强烈动机,但铸币税的获得却导致资本投入的边际产出下降和总体经济增长速度的趋缓。除此之外,King 和 Levine(1993)这样描述金融抑制的负面效应:普遍的金融抑制将提高企业的融资成本,并进一步限制企业的收益率和总体经济增长。

诚然,金融抑制政策的负面效应是显而易见的。那么实行金融抑制的动因又是什么呢?仔细分析可以发现,金融深化对经济增长的促进作用需要以信息充分、市场有效为假设前提。在信息不对称的假设前提下,利率的不断升高(金融深化)只会带来风险结构的改变,从而产生信贷配给。于是,压低要素价格并辅之以合理的监管措施同样可以实现次优的经济增长(Stiglitz & Weiss,1994;Hellman et al.,1997)。除了信贷配给以外,就我国的具体情况而言,为重工业优先发展战略提供低成本的资金是实行以压低要素价格、扭曲资源配置等为特征的金融抑制政策的又一动因。低成本的补贴对经济增长具有两方面的效应:①在经济发展阶段的早期,重工业相较于轻工业具有明显的外部性。于是,民营企业的产权结构由于无法弥补巨额的生产成本而会导致投资不足,从而制约“看不见的手”发挥作用。那么,即使软预算约束存在,“三位一体”的制度安排仍然有效地弥补了外部性引起的投资不足,进而实现了次优效率(姚洋、郑东雅,2007;张鹏飞,2011)。于是,在赶超战略实行的大部分时间里,金融抑制政策为重工业提供了大部分的低成本资金,有效地支持了重工业优先发展战略(林毅夫等,1994;卢峰、姚洋,2005)。据姚洋、郑东雅(2008)的计算,1954—1979 年实施赶超战略的 25 年间,对重工业的平均补贴率为 37.37%,比平衡战略资本存量多增加了 64.7%。②随着分工经济的不断发展,重工业相对于轻工业外部性的重要作用逐步下降,社会所需要的最优补贴率将逐步下降(姚洋、郑东雅,2008)。在软预算约束成本逐日递增的前提下,国有企业产生了严重的道德风险,源源不断的金融补贴便产生了严重的效率损失:巨额的不良资产和准财政赤字(樊纲,2000;卢文鹏,2002),广泛的信贷所有制歧视和增长拖累(周业安,1999;刘瑞明、石磊,2010)。例如:1985—1996年,政府支持国有企业的金融补贴年均达到GDP的9.7%,峰值(1993年)高达18.81%(张杰,1998)。然而,由于众所周知的原因(固有产权缺陷和软预算约束等),国有企业的经营绩效尤其低下。那么,政府对国有企业的金融支持(银行向国有企业的贷款)便产生了大量的呆坏账,并最终导致准财政赤字(上述呆坏账由政府或人民埋单)(樊纲,2000)。另外,政府对国有企业的补贴虽然从表面上改善了国有企业的经营绩效(财务报表改善),却并未从根本上解决国有企业的软预算约束和低效率。除此之外,与人们的意愿背道而驰,政府对国有企业的金融支持不仅没有改善国有企业的绩效,反而产生了更为严重的代理成本问题。于是,国有企业的经营风险开始传递到金融领域,并在金融体系内形成了巨额的不良资产(卢文鹏,2002)。

既然金融抑制和国有企业的产权结构在外部性逐渐下降后产生了严重的增长拖累,那么产生30多年持续经济增长奇迹的原因又是什么呢?首要原因可以归结为不断渐进的金融深化改革,它改变了以往压低要素价格、扭曲资源配置的金融抑制环境(谈儒勇,1999;周立、王子明,2002)。例如,周立、王子明(2002)指出了渐进的金融改革对经济增长的积极意义。利用1978—2000年的相关数据,他们得出结论:中国各地区的金融发展与经济增长表现出良好的正反馈关系,而各地区的经济增长差距也可以被金融发展差距所解释。那么,促进金融发展、提高金融水平将有利于中国长期的经济增长。渐进的金融改革不仅仍旧能够为国有企业提供相应的补贴,更为重要的是,它还可以通过金融漏损效应和非正规金融效应,有力地解决民营企业发展中所存在的信贷约束(张军、詹宇波,2006;安强身,2008)。伴随着民营企业的不断成长,渐进改革出现的金融漏损效应和非正规金融的存在有效地解决了民营企业的信贷约束,金融漏损和民间金融的发展导致非国有经济的发展经历了一个相当长的"黄金时期",并为改革开放以来中国经济的快速增长提供了强有力的支撑(张军、詹宇波,2006;安强身,2008)。其中,张军、詹宇波(2006)分析了非正规金融对民营经济发展的重要作用:政府企业家通过关系资源为私人企业所提供的融资可能是私人企业迅速发展的重要原因。对于金融漏损的重要作用,安强身(2008)认为,在中国强金融控制和高储蓄的制度背景下,金融资源的初次配置效率被金融漏损效应所修正,进一步实现了体制外经济的发展("反哺效应")和非正规经济增长的良性循环。

上述结论为我们理解我国的长期经济发展之谜提供了很好的理论支持,更加重要的是:注重金融战略和产权结构的内在联系[①],通过系统的观点解释金融战略和产权结构在经济发展中的重要作用为我们提供了方法论上的意义[②]。仔细分析可以发现:对于金融深化和国有企业在经济发展中的作用,现有研究还无法取得一致性的结论。例如,姚洋、郑东雅(2007,2008)以及张鹏飞(2011)的研究结论单纯地强调了外部性对金融战略和产权结构的选择,从而指出了"三位一体"制度安排的重要意义。但随着市场化程度的不断提高,金融抑制和国有企业的产权安排为什么又会产生严重的增长拖累呢(刘瑞明,2011)? 林毅夫等(1994,1997),刘瑞明、石磊(2010),以及刘瑞明(2011)等学者着重强调了软预算约束、政策性负担等原因造成的国有企业效率低下,进而论述了实现金融深化和产权改革的重要意义。那么我国又为什么不能在经济发展的初始阶段选择金融深化和民营企业的产权结构呢? 显然,现有研究以既定的经济和制度环境为特征,忽略了经济和制度环境的不断演变,从而只能得出静态的结论:金融深化和民营企业的产权结构要么促进、要么抑制经济增长。刘瑞明、石磊(2010)等学者的结论便以国有企业的低效率为研究前提,但在脱离了一定的经济和制度环境后,国有企业仍然是低效率的吗? 国内外对国有企业低效率的解答至今还无法取得一致性的结论:既包括所有制与经济绩效相关的结论(Dewenter & Malatesa,2001;Boardman & Vining,2006;洪功翔,2010;张晨、张宇,2011;马荣,2011),也包括所有制与经济绩效不相关的结论(Kole & Mulherin,1997;Vickers & Yarrow,1999)。Tian(2001)认为,所有制与经济绩效存在"U"形关系。

综上所述,不论是金融深化还是产权改革,对经济增长的促进作用至今仍然存在争议。来自金融和产权领域深层次的制度变迁固然令人兴奋,但以此作为理解中国经济发展的主线,其解释力还稍显不足。究其原因:金融约束和国有企业的产权结构固然可以弥补外部性引起的投资不足,但却面

---

① 这里,金融战略是指"金融抑制"还是"金融深化"的选择,产权结构是指"国有企业"还是"民营企业"的选择。

② 例如,林毅夫等(1994),姚洋、郑东雅(2007,2008),以及张鹏飞(2011)通过"三位一体"的制度安排解释了赶超战略时期我国经济的发展;刘瑞明(2011)分析了金融抑制战略下国有企业低效率所造成的增长拖累。

临着软预算约束导致的道德风险损失;金融深化和民营企业的产权结构虽然可以弥补道德风险损失,却对外部性无能为力。那么一个合理的推论便是:金融战略和最优产权结构的选择依赖于当时的经济和制度环境。然而现有的对“经济增长奇迹”解释的文献假设交易风险引起的道德风险成本已成为效率损失的主要来源,从而得出金融深化和产权改革的政策建议。但上述结论忽略了经济和制度环境本身的动态演化过程,从而显得失之偏颇。为了弥补上述缺陷,本章以转轨经济市场不断深化为研究背景,发展了一个信息不对称条件下的新兴古典投资—储蓄模型,这个模型可以通过描述经济和制度环境本身的动态演化过程,进一步说明不同经济环境下金融发展战略和产权结构的决定,进而为经济发展过程中金融战略和产权结构的选择提供一个逻辑自洽的分析框架。笔者认为:在企业尚未建立的情况下,由于外部性引起的生产风险是效率损失的主要来源(拉丰、马赫蒂摩,2002),此时金融深化和具有硬预算约束的产权结构只会带来风险结构的变化并引起投资不足,传统的产权结构和一定的金融约束是有利于经济增长的;但随着分工水平的演进和市场的不断深化,交易风险替代生产风险成为效率损失的主要来源,软预算约束的产权结构带来的必然是本身的低效率和进一步的增长拖累(刘瑞明、石磊,2010),此时金融深化和产权改革才能够带来合意的经济增长。因此,本章在第三节通过一个理论模型形式化上述逻辑。

5.3 理论模型

由上所述,风险约束对金融发展战略和产权结构的选择具有举足轻重的意义,忽略风险的类型及其动态转化只会造成对理论本身的错误理解和更为严重的政策“错配”。于是,基于 Cheung(1983)关于企业本质的论断①,

① 关于企业产生的原因,Coase(1937)认为,价格机制的运行存在着交易成本,企业组织的运行则存在着组织成本。当交易成本过大时,企业会利用行政命令对价格机制进行替代;反之,则利用价格机制对行政命令进行替代,而企业的最优边界便决定于企业的组织成本与交易成本相等的临界点。但是,Cheung(1974,1983)不认为交易成本对企业和市场最优边界有决定作用。他认为:企业和市场在本质上并无差别,企业只是以生产中间产品的劳动力(要素)市场替代了中间产品市场。当中间产品的交易效率小于生产中间产品劳动力的交易效率时,企业便会出现。进一步地,Yang 和 Ng(1995)形式化了上述逻辑,但他们的观点却有着以下缺点:①以信息对称为假设前提,与现实经济环境相差甚远;②未考虑时间因素,不能内生投资—储蓄行为。本书则在上述两个方面进行了改进。

本章扩展了 Yang(1999)的新兴古典投资—储蓄模型,在此基础上提出一个内生生产风险和交易风险的企业交易效率动态演进模型,以此说明不同经济环境下金融发展战略和产权结构的决定。

5.3.1 模型假设与现实经济环境描述

本章描述了如下的经济环境:假设在一个经济体中存在着 M 个事前完全相同的微观经济主体,M 是一个连续统。在这个连续统中,存在着 $t = 1,2$ 的两期跨时最优决策。同时,每个微观经济主体生产最终消费品 y,它可以使用中间产品 x 生产,也可以使用劳动直接生产。在这个连续统中,人们既可以自给任何商品,也可以在市场上进行购买,那么每个生产者—消费者的迂回生产体系便可以用下述规划式来表示:

$$maxU = u_1 + u_2/(1+r)\ ,\ u_t = \ln(y_t + ky_t^d)(t = 1,2)\ (\text{效用函数}) \tag{5.1}$$

$$s.t.\ y_t^p = y_t + y_t^s = max\{(x_t + fx_t^d)^c(L_{yt} - \mu B)^a, (L_{yt} - \mu B)^a\}$$

$$a > 1\ ,\ c \in (0,1)\ ,\ B \in (0,l)\ (\text{最终产品生产函数}) \tag{5.2}$$

$$x_t^p = x_t + x_t^s = max\{\frac{\theta}{\sigma}(L_{xt} - \mu A)^b, 0\}$$

$$b > 1\ ,\ A \in (0,l)\ (\text{中间产品生产函数}) \tag{5.3}$$

$$l_{xt} + l_{yt} + m_1 + m_2 = l\ (\text{禀赋约束}) \tag{5.4}$$

$$L_{it} = L_{it-1} + l_{it}\ ,\ l_{x0} = l_{y0} = 0\ ,\ l_{it} \in [0,l]\ (\text{跨时约束}) \tag{5.5}$$

$$U_i^H \geqslant U_i^L\ ,\ U_i \geqslant \bar{U}\ (\text{激励相容和参与约束}) \tag{5.6}$$

其中,y_t、y_t^d、y_t^s、x_t、x_t^d、x_t^s 分别是最终产品 y 和中间产品 x 的自给量、消费量和供给量。k 是最终产品的交易效率,f 为中间产品的交易效率,r 为一个主观贴现率。a 和 b 分别是最终产品和中间产品的专业化程度,满足 $a > 1$ 和 $b > 1$。c 是消费品对中间产品的产出弹性,满足 $c \in (0,1)$($a > 1$、$b > 1$ 和 $c \in (0,1)$ ①),bc 可以看成是迂回生产程度。$\bar{U}$ 为决策者的保留效用。l_{it} 是一个人的专业化水平,即他在 t 时期商品 i 生产上的劳动时间,L_{it} 为直到 t

① 当 $b > 1$ 时,意味着中间产品 x 的劳动生产率会随着 x 专业化水平的提高而提高,且在 $c \in (0,1)$ 和 $a > 1$ 的保证下,消费品 y 的全要素生产率会随着 y 的专业化水平提高而提高,从而保证专业化和熟能生巧经济。

时期商品 i 生产累积的劳动量。如果一个人在 t 期和 $t-1$ 期不转换工作，则 $\mu=0$；否则，$\mu=1$。θ、σ 分别代表生产力和风险参数，A 和 B 分别是中间产品和最终消费品的学习成本（满足 $A\in(0,l)$，$B\in(0,l)$ ①）。上述决策变量中，θ、σ 和 f 是随机变量，满足：

如果 $m_1\geqslant\beta$，那么 $\theta=\begin{cases}\theta_H,\text{以概率 }\varepsilon\\ \theta_L,\text{以概率 }1-\varepsilon\end{cases}$，$\sigma=\begin{cases}\sigma_H,\text{以概率 }\varepsilon\\ \sigma_L,\text{以概率 }1-\varepsilon\end{cases}$；

如果 $m_1<\beta$，那么 $\theta=\theta_H$，$\sigma=\sigma_L$；

如果 $m_2\geqslant\gamma$，那么 $f=\begin{cases}f_H,\text{以概率 }\rho\\ f_L,\text{以概率 }1-\rho\end{cases}$；

如果 $m_2<\gamma$，那么 $f=f_L$。

这里，θ 和 σ 的随机性代表生产风险，f 的随机性代表交易风险。m_1 和 m_2 分别是每个微观经济决策主体为了避免生产风险和交易风险所耗费的劳动时间，β、γ 分别是介于 0 和 1 之间的随机参数，ε、$\rho\in(0,1)$，$0<(\theta_L,\sigma_L,f_L)^T<(\theta_H,\sigma_H,f_H)^T<1$ 且 $\theta_L/\sigma_L<\theta_H/\sigma_H$ ②。迂回生产体系的存在，导致中间产品存在外部性（生产风险）；知识生产者努力程度的不可观测性，面临着交易风险③。中间产品的生产风险和交易风险构成了信息不对称。另外，我们假定存在以社会福利最大化为决策目标的政府，作为最终产品生产者的代表，政府通过跨期税收（T）对中间产品的外部性进行补贴，其决策目标是社会福利最大化④。同时，本章进一步假设，与民营企业相比，国有企业更容易得到政府的补贴⑤。

5.3.2 模型求解

在模型求解过程中，本章假定 $A=l$，这保证了中间产品不可能在第 1 期生产出来，此时显性的储蓄—借贷行为产生。当显性的储蓄—借贷行为

① $A\in(0,l)$ 意味着，如果 $A=l$，则中间产品 x 的生产不可能在 $t=1$ 期完成，因此才有了投资、储蓄和资本的故事。

② 参照杨小凯（2000）的处理办法，生产风险和交易风险用随机函数表示。

③ 基于本书的研究目的和文献的通常做法，消费品的生产风险和交易风险被忽略。

④ 但中间产品外部性的重要性是逐渐下降的（姚洋、郑东雅，2008）。

⑤ 这一方面得益于政府与传统国有企业之间的"父子关系"（Kornai，1986）；另一方面则基于民营企业面临补贴时存在着巨大的甄别成本。

发生时，中间产品生产者在 $t=1$ 期集中生产 x，但由于 $A=l$ 的存在，中间产品生产者不得不在第 1 期向最终消费品生产者借贷 y_1^d，并在第 2 期向消费品生产者偿还。于是，市场的储蓄率（cx）和投资率（tz）便可以通过 $cx=y_1^d/(y_1^d+y_1^s)$ 和 $tz=[y_1^d/(y_1^d+y_1^s)]\times[M_x/M_y]$ 计算出来。

模型的时间线可以定义为：在 $t=0$ 期，雇主根据自己的实力选择进入的行业，由于中间产品的生产面临信息不完全（外部性），会使雇主面临生产风险约束；因为企业尚未建立，交易风险约束（雇员的努力水平）不产生作用；在 $t=1$ 期，企业结构和显性的储蓄—借贷行为出现，雇主选择相应的产权结构并雇佣雇员进行生产，中间产品生产者集中生产 x 并向最终消费品生产者借贷 y_1^d，由于雇主和雇员的信息不对称，交易风险约束开始发挥作用；在 $t=2$ 期，中间产品生产者向最终产品生产者偿还，显性的储蓄—借贷行为完成，此时仍旧存在着交易风险①。不完全信息动态博弈的发生时序如图 5－1 所示。不完全信息动态博弈的扩展式如图 5－2 所示。

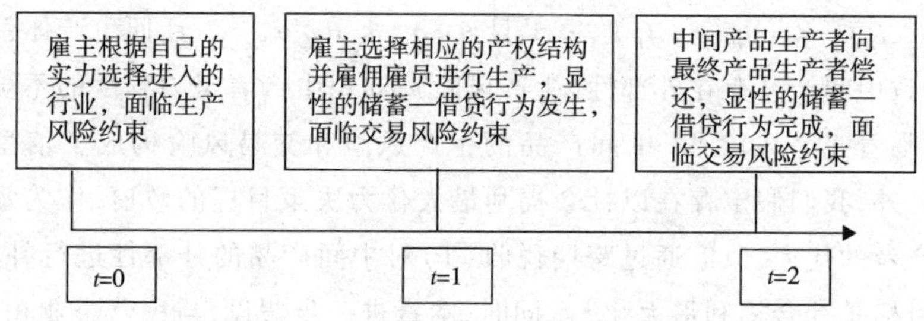

图 5－1　不完全信息动态博弈的发生时序

根据已有文献的研究，当市场化水平较低且外部性较大时，结构 B（有外部性，政府进入，国有企业，雇员不努力）将成为最终的贝叶斯—纳什均衡；随着市场化水平的提高和外部性的日益减弱（姚洋、郑东雅，2008），结构 G（无外部性，政府不进入，民营企业，雇员努力）将会成为最终的贝叶斯—纳什均衡。

根据以上分析和文定理，可以求解国有企业生产结构（TT）和民营企业生产结构（PP）的超边际均衡，包含避免交易和生产风险（H）、不避免交易和

① 在这里，雇主可以是中间产品生产者，也可以是最终产品生产者，这构成了国有企业和民营企业的差异。

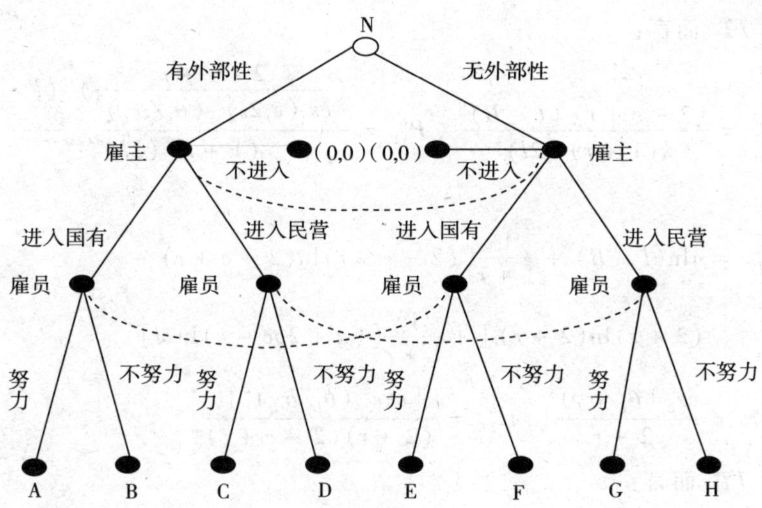

图 5－2 不同产权结构的扩展式表述

生产风险(L)两种模式。在国有企业生产结构(TT)中,一方面,最终产品生产者成为雇主并雇佣中间产品生产者进行生产,但雇主不能鉴别雇员的努力程度,从而不能支付高工资,使得企业面临交易风险;另一方面,国有企业有获得补贴的比较优势,从而可以有效地弥补生产风险。与之相对应,在私营企业生产结构(PP)中,中间产品生产者成为雇主并雇用最终产品生产者进行生产,由于中间产品生产者掌握了企业的最终剩余索取权,因而可以很好地避免交易风险,但在接受补贴方面,相较于国有企业则不具有比较优势。令 $\theta/\sigma = (\theta_H/\sigma_H)^{\varepsilon}(\theta_L/\sigma_L)^{1-\varepsilon}$,$f = f_H^{\rho}f_L^{1-\rho}$(在结构 TT 和 PP 中,$f$ 由 e 和 s 所代替),那么可以解得以下均衡。

5.3.2.1 国有企业生产结构(TT)

在国有企业生产结构中,最终消费品的生产者成为雇主并享有剩余索取权①。TT 包含 TT^L($m_1 = 0$, $m_2 = 0$)和 TT^H($m_1 = \beta$, $m_2 = \gamma$)两种模式。运用局部最优条件、效用均等化定理($U_x = U_y$)、市场出清定理($M_x y^d = M_y y^s$),可以解得 TT^L 和 TT^H 模式中的均衡价格、均衡效用、储蓄率和投资率。

① 国有企业与民营企业在剩余索取权上的差异保证了:a. 国有企业所有者的政府属性,从而具有软预算约束和规避生产风险的比较优势;b. 民营企业的"非国有"属性使其具有更强的激励避免交易风险(因为自己掌握了剩余索取权),同时还具有更硬的预算约束和避免生产风险的比较劣势。

对 TT^L 而言：

$$P_{x2}^L = \frac{(2-c+r)(l-B)^a}{k(1+r)(2l)^b},\ P_{y2}^L = \frac{\left(\frac{2-c+r}{ck(e_L 2l)^b(\theta_L/\sigma_L)^2}\right)^c (l-B)^a}{(1+r)(2l)^{a+2bc-c}} \tag{5.7}$$

$$U_{TT}^L = a\ln(l-B) + \frac{1}{1+r}[(2-c+r)\ln(2-c+r) - (2+r)\ln(2+r)] + \frac{1}{1+r}[(a+2bc-c)\ln 2l] \tag{5.8}$$

$$cx_{TT}^L = \frac{ce_L^b(\theta_L/\sigma_L)^2}{2+r},\ tz_{TT}^L = \frac{[cke_L^b(\theta_L/\sigma_L)^2]^2}{(2+r)(2-c+r)} \tag{5.9}$$

对 TT^H 而言：

$$P_{x2}^H = \frac{(2-c+r)(l-\beta-\gamma-B)^a}{k(1+r)[2(l-\beta-\gamma)]^b}$$

$$P_{y2}^H = \frac{\left[\frac{2-c+r}{ck(2e(l-\beta-\gamma))^b(\theta/\sigma)^2}\right]^c (l-\beta-\gamma-B)^a}{(1+r)(2(l-\beta-\gamma))^{a+2bc-c}} \tag{5.10}$$

$$U_{TT}^H = \frac{1}{1+r}[(2-c+r)\ln(2-c+r) - (2+r)\ln(2+r) + (a+2bc-c)\ln 2(l-\beta-\gamma) + c\ln cke^b(\theta/\sigma)^2] + a\ln(l-\beta-\gamma-B) \tag{5.11}$$

$$cx_{TT}^H = \frac{ce^b(\theta/\sigma)^2}{2+r},\ tz_{TT}^H = \frac{[cke^b(\theta/\sigma)^2]^2}{(2+r)(2-c+r)} \tag{5.12}$$

在中间产品劳动力市场的交易效率得以改进并超过中间产品交易市场交易效率的前提下，国有企业的生产结构得以出现。一方面，由于政府与国有企业的“父子关系”及民营企业巨大的甄别成本，国有企业通过政府的补贴可以很好地避免生产风险（ $\beta \neq 0$ ）；另一方面，由于中间产品生产者的努力程度不可测，国有企业的生产结构无法避免交易风险（ $\gamma = 0$ ），于是，TT 结构中的效用总贴现值（ U_{TT}^{SB} ）为

$$U_{TT}^{SB} = (1+r)^{-1}[(2-c+r)\ln(2-c+r) - (2+r)\ln(2+r) + (a+2bc-c)\ln 2(l-\beta) + c\ln cke_L^b(\theta/\sigma)^2] + a\ln(l-\beta-B) \tag{5.13}$$

与 TT^H 相比，其所产生的效率损失（ ΔU_{TT}^{MH} ）为

$$\Delta U_{TT}^{MH} = a\ln\frac{l-\beta-B}{l-B} + \frac{1}{1+r}\{(2bc-c)(\ln\frac{l-\beta}{l} + \varepsilon\ln\frac{\theta_H/\sigma_H}{\theta_H/\sigma_H}) +$$

$$a\ln(l-\beta)\} \tag{5.14}$$

此时,由于政府能通过跨期税收对生产风险进行补贴,于是次优的储蓄率(cx_{TT}^{SB})和投资率(tz_{TT}^{SB})分别为

$$cx_{TT}^{SB}=cx_{TT}^{L}+t=\frac{cke_{L}^{b}\theta/\sigma}{2+r}<cx_{TT}^{H},$$

$$tz_{TT}^{SB}=tz_{TT}^{L}+t=\frac{(cke_{L}^{b}\theta/\sigma)^{2}}{(2+r)(2-c+r)}<tz_{TT}^{H} \tag{5.15}$$

式(5.15)中,t 为补贴的最优税率,次优的储蓄和投资率仍然小于社会福利最大化的储蓄和投资率,但与纯粹市场交易结构相比较,国有企业生产结构的储蓄和投资率显著增加,有效地避免了生产风险。同时,对国有企业的补贴使得中间产品相对于最终产品的价格降低——金融抑制结构[①]。

5.3.2.2　民营企业生产结构(PP)

在民营企业生产结构中,中间产品生产者替代最终消费品生产者成为雇主,并进一步掌握了剩余索取权。PP 包含 PP^{L} ($m_1=0$, $m_2=0$)和 PP^{H} ($m_1=\beta$, $m_2=\gamma$)两种模式。运用最优方法可以解得:

对 PP^{L} 而言:

$$P_{x2}^{L}=\frac{(2-c+r)(l-B)^{a}}{k(1+r)(2l)^{b}},$$

$$P_{y2}^{L}=\frac{\left(\frac{2-c+r}{cks_{L}(2l)^{b}(\theta_{L}/\sigma_{L})}\right)^{c}(k\theta_{L}/\sigma_{L})(l-B)^{a}}{(1+r)(2l)^{a+bc-1}} \tag{5.16}$$

$$U_{PP}^{L}=a\ln(l-B)+\frac{1}{1+r}[(2-c+r)\ln(2-c+r)-(2+r)\ln(2+r)+$$
$$(a+bc-1)\ln 2l+c\ln cs_{L}\theta_{L}/\sigma_{L}+(1-c)\ln k]$$

$$cx_{PP}^{L}=\frac{cks_{L}\theta_{L}/\sigma_{L}}{2+r},\ tz_{PP}^{L}=\frac{(cks_{L}\theta_{L}/\sigma_{L})^{2}}{(2+r)(2-c+r)} \tag{5.17}$$

对 PP^{H} 而言:

$$P_{x2}^{H}=\frac{(2-c+r)(l-\beta-\gamma-B)^{a}}{k(1+r)[2(l-\beta-\gamma)]^{b}},$$

---

① 可以证明:$(\frac{P_{y2}^{L}}{P_{X2}^{L}})<(\frac{P_{y2}}{P_{X2}})^{SB}=(\frac{P_{y2}^{L}}{P_{X2}^{L}})+t<(\frac{P_{y2}^{H}}{P_{X2}^{H}})$.

$$P_{\gamma 2}^{H} = \frac{k\theta/\sigma\left[\frac{2-c+r}{cks(2(l-\beta-\gamma))^{b}\theta/\sigma}\right]^{c}(l-\beta-\gamma-B)^{a}}{(1+r)(2(l-\beta-\gamma))^{a+bc-1}} \tag{5.18}$$

$$U_{PP}^{H} = \frac{1}{1+r}[(2-c+r)\ln(2-c+r)-(2+r)\ln(2+r)+(a+bc-1)\ln 2(l-\beta-\gamma)+c\ln cs\theta/\sigma+(1-c)\ln k]+a\ln(l-\beta-\gamma-B) \tag{5.19}$$

$$cx_{PP}^{H} = \frac{cks\theta/\sigma}{2+r},\ tz_{PP}^{H} = \frac{(cks\theta/\sigma)^{2}}{(2+r)(2-c+r)} \tag{5.20}$$

在民营企业生产结构中，中间产品生产者的努力程度可以通过剩余索取权得到补偿，从而有效地避免交易风险（$\gamma \neq 0$）；但由于无法取得相应的补贴，所以无法避免生产风险（$\beta = 0$）。于是，PP 结构实现的次优效率贴现值（U_{PP}^{SB}）为

$$U_{PP}^{SB} = (1+r)^{-1}[(2-c+r)\ln(2-c+r)-(2+r)\ln(2+r)+(a+bc-1)\ln 2(l-\gamma)+c\ln cs\theta_{L}/\sigma_{L}+(1-c)\ln k]+a\ln(l-\gamma-B) \tag{5.21}$$

与 PP^{H} 相比，由于生产风险产生的效率损失为

$$\Delta U_{PP}^{AS} = a\ln\frac{l-\gamma-B}{l-B}+\frac{1}{1+r}\left\{(bc-1)\left[\ln\frac{l-\gamma}{l}+\rho\ln\frac{s_{H}}{s_{L}}\right]+a\ln(l-\gamma)\right\} \tag{5.22}$$

此时，次优的储蓄和投资率分别为

$$cx_{PP}^{L} < cx_{PP}^{SB} = \frac{cks_{H}\theta_{L}/\sigma_{L}}{2+r} < cx_{PP}^{H},\ tz_{PP}^{L} < tz_{PP}^{SB} = \frac{(cks_{H}\theta_{L}/\sigma_{L})^{2}}{(2+r)(2-c+r)} < tz_{PP}^{H} \tag{5.23}$$

虽然与最优的储蓄和投资率有一定差距，但由于避免了交易风险，PP^{H} 仍比 PP^{L} 实现的储蓄和投资率要高。此时，中间产品相对于消费品的价格不再被低估，从而实现了从金融抑制向金融深化的转变。

5.3.3 一般均衡及超边际分析

根据姚定理求解一般均衡结构：

（1）当 $k < k_{0}$ 时，$U_{PP}^{SB} < U_{TT}^{SB}$，$\Delta U_{TT}^{AS} > \Delta U_{PP}^{MH}$，$\Delta U_{TT}^{MH} < \Delta U_{PP}^{AS}$；

（2）当 $k > k_{0}$ 时，$U_{PP}^{SB} > U_{TT}^{SB}$，$\Delta U_{TT}^{AS} < \Delta U_{PP}^{MH}$，$\Delta U_{TT}^{MH} > \Delta U_{PP}^{AS}$。

其中,$k_0 = (\frac{l-\gamma-B}{l-\beta-B})^{\frac{a}{1-2c}} \{\frac{[2(l-\gamma)]^{a+bc-1}}{[2(l-\beta)]^{a+2bc-c}}[\frac{(\theta/\sigma)^2}{\theta_L/\sigma_L} \times \frac{e_L^b}{s}]^c\}^{\frac{1}{(1-2c)(1+r)}}$。

于是可以发现:

(1)当交易效率较小且满足 $k < k_0$ 时,生产风险成为效率损失的主要来源($\Delta U_{TT}^{AS} > \Delta U_{PP}^{MH}$,$\Delta U_{TT}^{MH} < \Delta U_{PP}^{AS}$),国有企业的生产结构因为较易获得补贴并能有效地弥补生产风险,从而使其替代纯粹市场交易结构成为一种次优选择。这时也存在显性的储蓄—借贷结构,但国有企业与政府天然的“父子关系”使得政府愿意运用跨期税收对市场上广泛存在的生产风险进行补贴,从而使中间产品相对于最终产品市场的交易价格被压低,即金融抑制。这种模式很好地动员了储蓄,使得实现的次优储蓄率和投资率大幅增加($cx_{TT}^L < cx_{TT}^{SB} < cx_{TT}^H$ 与 $tz_{TT}^L < tz_{TT}^{SB} < tz_{TT}^H$),伴随而来的是市场的不断成熟和人均收入的进一步提高。

(2)当市场经济充分成熟,交易效率足够大($k > k_0$)时,交易风险替代生产风险成为效率损失的主要来源($\Delta U_{TT}^{AS} < \Delta U_{PP}^{MH}$,$\Delta U_{TT}^{MH} > \Delta U_{PP}^{AS}$)。国有企业的产权结构所避免的生产风险成本越来越小,其交易风险成本却与日俱增,随之而来的是不断扩大的赤字压力和交易风险损失;而民营企业的生产结构因为避免了交易风险成本而成为另外一种次优选择。此时,同样存在显性的储蓄—借贷结构。政府补助的退出使得压低相对价格的金融抑制环境逐渐退出历史舞台,中间产品相对于最终产品的价格重新由市场决定(金融深化),但实现的次优储蓄率和投资率却没有因为补贴的退出而显著缩小($cx_{TT}^L < cx_{TT}^{SB} < cx_{TT}^H$ 与 $tz_{TT}^L < tz_{TT}^{SB} < tz_{TT}^H$),最终结果是更加成熟的市场和人均总效用贴现值的增加。

(3)由 TT→PP 的演进中,社会所实现的储蓄和投资额逐步增加,即 $SA_{TT} < SA_{PP}$ 和 $IN_{TT} < IN_{PP}$(SA 和 IN 分别为储蓄和投资额,由 $SA = cx(y_1^d + y_1^s)$ 和 $IN = tz(y_1^d + y_1^s)$ 解得),金融不断深化。

总结以上论断,本章提出以下可以验证的命题:

命题 1:当交易效率较低、分工经济尚未展开时,外部性引起的生产风险损失成为效率损失的主要来源,只要中间产品劳动力市场的交易效率大于生产风险和中间产品交易市场交易效率所引起的效率损失,国有企业的产权结构和压低中间产品价格的金融抑制政策就会成为次优选择,以弥补现实经济中广泛存在的生产风险,最终实现有限的经济发展。

命题 2:随着分工经济的深化和交易效率的演进,交易风险替代生产风险成为效率损失的主要来源。因此,民营企业的产权结构和金融深化的金融战略成为次优选择,以弥补现实经济中广泛存在的交易风险,并实现进一步的经济增长。此时,国有企业的产权结构和金融抑制政策会产生严重的交易风险成本并造成财政压力,从而引起国有企业本身的效率损失和更深层次的增长拖累。

5.4 实证分析

由上所述,本章证明了国有经济的低效率及金融抑制的增长拖累需要以交易效率不断演进、市场经济充分深化为前提。在交易效率较低、市场广泛存在缺失或失灵时,外部性引起的生产风险成为效率损失的主要来源,故当时国有企业的产权结构和金融抑制政策可以很好地弥补生产风险成本,进一步实现有限的经济增长。在经济和制度不断变化的前提下,所有制及金融战略与经济绩效的关系可能变得较为复杂,于是利用新近发展起来的非线性技术(门限回归模型)对命题 1 和命题 2 进行验证便显得顺理成章。本章选取了 1997—2007 年中国大陆 29 个省份非平衡面板数据①对上述命题进行验证,变量定义和计算方法见表 5－1。

5.4.1 数据和变量定义

表 5－1 数据和变量定义

变量性质	变量名称	变量含义	具体计算方法
被解释变量	REGDP	地区 GDP 增长率	(地区国内生产总值指数－100)/100
	PERGDP	地区人均 GDP 增长率	(地区人均国内生产总值指数－100)/100

① 由于数据来源的限制,香港、澳门、台湾和西藏这四个省区未考虑。

续表

变量性质	变量名称	变量含义	具体计算方法
核心解释变量	RSP	国有经济相对比重	地区国有经济固定资产投资额/(地区经济固定资产投资额-地区国有经济固定资产投资额)
	RSP1	国有经济增加值相对比重	地区国有经济增加值/(上年地区经济增加值-地区国有经济增加值)
	RSP2	国有职工相对比重	地区国有单位职工人数/(地区职工总人数-地区国有单位职工人数)
	RFIMON	国有银行的相对垄断程度	地区四大国有银行年末贷款余额/(地区年末总贷款余额-地区四大国有银行年末贷款余额)
	RSLOAN	国有企业的相对贷款比重	地区国有银行贷款相对比重
门限变量	MAR	市场化程度	具体计算方法详见樊纲、王小鲁等(2010)
控制变量	UBR	城市化率	地区非农人口数/地区总人口数
	FAR	投资增长率	地区经济固定资产投资增加额/上年地区经济固定资产投资额
	EDU	教育水平	地区普通高校学校在校人数/地区总人口
	OPEN	开放程度	地区进出口总额/地区国内生产总值
	GDP	宏观经济波动指数	(全国国内生产总值指数-100)/100

注:上述数据均来源于各年度的《中国经济统计年鉴》《中国工业经济统计年鉴》《中国金融统计年鉴》和《新中国六十年统计资料汇编》。地区进出口总额的原始数据通过中间汇率进行了相应调整。笔者以1997年为基期,在换算出定基价格指数后,相应变量也用定基价格指数进行了剔除。

选取的变量中,我们采用地区GDP增长率(PERDP)和地区人均GDP增长率(PEGDP)两个指标作为被解释变量,反映地区经济增长。解释变量中,与黄险平、李峰(2009),刘瑞明、石磊(2010)以及刘瑞明(2011)等选取绝对比率的做法不同,本章选取国有经济相对比重(RSP)、国有经济增加值相对比重(RSP1)和国有职工相对比重(RSP2)反映不同产权结构对经济增长的作用;选取国有银行的相对垄断程度(RFINMON)和国有企业的相对贷款比重(RSLOAN)反映金融政策的演进①。由于1997年、1998年和2004年的地区国有及国有控股企业增加值的数据缺失,本章采用RSP与GDP增加值的数据进行推算,得出这三年的国有经济增加值相对比重。由于还没有直接的统计资料统计RSLOAN的原始数据,本书借鉴刘瑞明(2011)的研究做法,首先假定全部银行信贷分为国有银行信贷与非国有银行信贷两个部分,在假定国有银行信贷相对比例与国有企业产出存在固定关系的前提下,运用面板固定效应模型估计出银行信贷与国有企业产值之间的固定比例关系,然后用总贷款乘以固定比例系数求得国有企业贷款的绝对比例和相对比例。为了进行上述估算,我们首先借助各年度的《中国工业统计年鉴》搜集了中国各地区的"年度国有工业产值"和"年度工业总产值"两个变量的原始数据,再借助《中国金融统计年鉴》提取了"地区银行信贷总额"的原始数据,计算出1997—2007年的地区国有企业工业产值占地区总产值的相对比例,进一步建立面板固定效应模型,估计出地区银行信贷总额与国有企业工业产值比重之间的固定比例系数,具体估计方程为:

$$loan_{it} = \alpha + \beta \times SP_{it} + \eta_i + \mu_{it} \tag{5.24}$$

$$\mu_{it} = \rho\mu_{it-1} + \delta_{it} \text{ 且 } |\rho| < 1 \tag{5.25}$$

估计方程中采用AR(1)项调整了信贷总额出现的一阶自回归问题。计算得到β的系数为0.1328,且通过了5%的显著性水平检验,于是我们便可以估计出1997—2007年的国有企业贷款绝对比例和相对比例。

此时并未考虑经济和制度环境的演进,基于樊纲、王小鲁等(2010)的研究数据,我们采用市场化程度作为门限变量进行反映②。控制变量中,本章选取了城市化率(UBR)、投资增长率(FAR)、教育水平(EDU)和开放程度(OPEN)四个变量来反映上述领域的变化对地区经济增长的影响,具体计算方法本章不再详

---

① 根据第三部分的论证,为了有效地弥补生产风险,银行体系倾向于选择国有企业的产权结构。同时,由于"父子关系"的原因,国有银行也倾向于将更多的贷款发放给国有企业,从而产生"信贷配给"。但随着分工的广泛开展,生产风险被交易风险所替代,银行的产权结构开始向股份制商业银行转化,贷款也开始向民营企业发放。根据上述逻辑,本书通过RFINMON和RSLOAN两个变量反映金融政策的演变。

② 交易效率是新兴古典经济学的核心概念,由杨小凯(2000)提出并使用,但遗憾的是,杨小凯并未对交易效率进行系统的定义。按照杨小凯的思路,赵红军(2005)对交易效率进行了定义:交易效率特指一定时间内一国经济体中交易活动(与商业活动相联系)或业务活动(与行政活动相联系)进行的速度快慢或效率高低。然而,对交易效率的计量还是没有突破性的进展。基于市场化程度与交易效率的同步演进,一个可行的方法是运用市场化程度对交易效率进行替代。幸运的是,樊纲、王小鲁等(2010)对中国各地区市场化程度的开创性研究使得我们的研究设想成为可能,该方法从政府与市场的关系、非国有经济的发展及产品要素市场的发育等五个方面对市场化程度进行了有用统计,故本书采用。

述，变量及具体计算方法见表5－3。基本的描述性统计结果见表5－2。

表5－2 描述性统计结果

变量名称	均值	标准差	最大值	最小值
REGDP	0.1038	0.0327	0.1827	0.0721
PERGDP	0.0724	0.0257	0.1521	0.0332
RSP	0.4711	0.1653	0.6931	0.3012
RSP1	0.5332	0.1711	0.7123	0.3188
RSP2	0.5422	0.1823	0.6954	0.3214
RFINMON	0.4784	0.3912	0.6723	0.3127
RSLOAN	0.6423	0.3177	0.7659	0.2011
MAR	5.23	2.1124	11.33	1.29
UBR	0.3128	0.1147	0.4659	0.2017
FAR	0.2033	0.0512	0.3324	0.1121
EDU	0.2832	0.0418	0.3824	0.2172
GDP	0.1258	0.0273	0.1127	0.0302
OPEN	0.5421	0.1711	0.6659	0.2012

5.4.2 检验模型

通过第三部分的模型推导和相关命题，本章证实了不同经济发展阶段产权结构和金融战略的决定因素。产权结构和金融战略与经济增长更多的表现出非线性关系，而面板门限模型无疑为验证上述非线性关系提供了很好的思路。本书提出如下面板门限估计模型：

$$y_{it} = \mu_i + \theta_1 x_{it} I_i(q_i \leqslant \gamma) + \theta_2 x_{it} I_i(q_i > \gamma) + \sum_{j=1}^{n} \alpha_j Control_{jt} + e_{it} \qquad (5.26)$$

式(5.26)中，μ_i 为消除截面效应的固定效应系数，x_{it} 为解释变量，是一个m维的列向量；q_i 为门限变量，它既可以是解释变量 x_{it} 中的一个回归元，也可以是独立于 x_{it} 的一个变量；γ 为门限值，将上述样本分为两组，$I_i(\gamma) = \{q_i \leqslant \gamma\}$ 为指示函数，当 $q_{1i} \leqslant \gamma$ 时，$I_i(\gamma) = 1$，否则为0；θ_1、θ_2、α_j 和门限值 γ 分别为待估参数，$Control_{jt}$ 为相应的控制变量，e_{it} 为误差项。

但是，不仅产权结构和金融战略会影响地区经济增长，地区经济增长也会影响产权结构和金融战略的选择，从而产生“内生性”问题，并进一步导致模型估计的偏误。于是，借鉴 Kremer 等（2011）所提出的动态面板门限估计模型进行稳健性检验。具体的估计模型为：

$$y_{it} = \mu_i + \theta_1 x_{it} I_i(q_i \leq \gamma) + \theta_2 x_{it} I_i(q_i > \gamma) + \sum_{j=1}^{n} \alpha_j Control_{jt} + e_{it} \tag{5.27}$$

式（5.27）中，各变量代表的含义与式（5.26）相同，故不再详述。不同的是，对于 μ_i 的估计，式（5.27）通过 Arellano 和 Bover（1995）所提出的前向正交离差转换（Forward Orthogonal Deviation Transformation）来消除固定效应，其具体函数为

$$\varepsilon_{it}^{*} = \sqrt{\frac{T-t}{T-t+1}}\left(\varepsilon_{it} - \frac{1}{T-t}(\varepsilon_{i(t+1)} + \cdots + \varepsilon_{iT})\right) \tag{5.28}$$

这样，经过前向正交离差变换的残差项方差（ε_{it}^{*}）便不再与原始的（ε_{it}）相关，从而可以利用 Caner 和 Hansen（2004）的计算方法估计动态面板门限模型。

5.4.3 面板门限模型估计结果

在实际估计中，通常采用格子搜索（Grid Search）法寻找可能存在的门限值。于是，我们首先对根据樊纲、王小鲁（2010）计算出的市场化程度数据进行升序排列，并忽略掉前后各约 10% 的观测值（Hansen，2000），然后选取相应的市场化程度值（MAR）作为门限值进行估计，并获取其残差；再利用残差平方和最小原则找到门限估计值；最后利用自助抽样法模拟计算出似然比，统计量及其临界值（本章重复次数为 3000 次），以进一步检验是否存在门限效应。门限效应检验的具体结果见表 5－3。

表 5－3 市场化程度（MAR）的门限效应检验结果

门限变量	H_0	H_1	F 统计量	结论
市场化程度（MAR）	无门限效应	1 个门限	25.1127*** (0.0032)	拒绝 H_0
	1 个门限	2 个门限	11.0423** (0.0312)	拒绝 H_0
	2 个门限	3 个门限	5.3842 (0.2143)	接受 H_0

注：***、**、* 分别代表 1%、5% 和 10% 的显著性水平。

由表5-3可以发现：市场化程度(MAR)搜索到的第1个门限估计值是4.13，它所对应的残差平方和(S_1 =108.17)达到最小，门限检验的F统计量为25.1127，P值为0.0032，拒绝了无门限效应的原假设。然后进行似然比检验，LR统计量为3.8824，通过了1%的显著性水平检验，表明$\hat{\gamma}_1$ = 4.13的有效性。紧接着固定第1个门限值(4.13)，继续利用"格子搜索"寻找第2个门限变量，得到相应的门限值$\hat{\gamma}_2$ = 7.55，它所对应的残差平方和为S_2 =130.17；进行门限检验，得到的F统计量为11.0423，P值为0.0312，拒绝只存在1个门限的假设，然后进行似然比检验，LR统计量为8.1817，表明了第2个门限结果的真实性。继续搜索第3个门限值，其值为9.27，此时对应的F统计量为5.3842，P值为0.2143，拒绝存在3个门限的假设。那么，最终确定的门限值为4.13和7.55。

在确立了相应的门限估计值后，利用式(5.26)进行估计。为了反映产权结构与金融战略的综合效应对经济增长的关系，我们还引入了交互项，最终的估计结果见表5-4。

表5-4 面板门限模型计量检验结果

解释变量		REGDP(地区GDP增长率)			PERGDP(地区人均GDP增长率)		
		(1)	(2)	(3)	(1)	(2)	(3)
常数项		-0.3211*	-0.1818**	-0.0923**	-0.1217*	0.4322**	0.1414***
RFIMON (MAR)	(0,4.13]	0.4832*	0.3217**	0.3818*	0.2117*	0.1827*	0.2338**
	(4.13,7.55]	0.2144**	0.1018*	0.1127***	0.0832***	0.0328**	0.1137**
	(7.55,11.33]	-0.1817***	-0.0415**	-0.1147*	-0.1528*	-0.2038**	-0.2012***
RSLOAN (MAR)	(0,4.13]	0.5174***	0.5248	0.4177*	0.1138**	0.2195***	0.3128***
	(4.13,7.55]	0.1032*	0.1891**	0.3026*	0.0126***	0.1024**	0.1762**
	(7.55,11.33]	-0.0732*	-0.0521*	-0.1568***	-0.1927***	-0.0721**	-0.3291***
RSP (MAR)	(0,4.13]	0.3418***			0.2015*		
	(4.13,7.55]	0.2174**			0.0915*		
	(7.55,11.33]	0.0732			-0.1025***		
RSP × RFIMON (MAR)	(0,4.13]	0.6105*			0.1187*		
	(4.13,7.55]	0.3211**			0.0124*		
	(7.55,11.33]	-0.1788*			-0.1193***		

续表

解释变量		REGDP(地区 GDP 增长率)			PERGDP(地区人均 GDP 增长率)		
		(1)	(2)	(3)	(1)	(2)	(3)
RSP × RSLOAN (MAR)	(0,4.13]	0.4177*			0.1883**		
	(4.13,7.55]	0.1128*			0.0328*		
	(7.55,11.33]	-0.0245***			-0.2478***		
RSP1 (MAR)	(0,4.13]		0.2117*			0.1029*	
	(4.13,7.55]		0.1029**			0.0318***	
	(7.55,11.33]		-0.3718*			-0.0721*	
RSP1 × RFIMON (MAR)	(0,4.13]		0.3128*			0.1458*	
	(4.13,7.55]		0.0918*			0.0429**	
	(7.55,11.33]		-0.1927***			-0.0621*	
RSP1 × RSLOAN (MAR)	(0,4.13]		0.4109*			0.1827**	
	(4.13,7.55]		0.3195**			0.0918***	
	(7.55,11.33]		-0.0721*			-0.0421**	
RSP2 (MAR)	(0,4.13]			0.4815***			0.2174**
	(4.13,7.55]			0.1829			0.1095*
	(7.55,11.33]			-0.1712***			-0.0962***
RSP2 × RFIMON (MAR)	(0,4.13]			0.3127**			0.1721**
	(4.13,7.55]			0.1145			0.0821
	(7.55,11.33]			-0.0832***			-0.2175***
RSP2 × RSLOAN (MAR)	(0,4.13]			0.4127*			0.1174***
	(4.13,7.55]			0.2917**			0.0219**
	(7.55,11.33]			-0.0532***			-0.1927***
UBR		0.3125**	0.2132*	0.1832**	0.2217***	0.1547*	0.1038**
FAR		0.2257**	0.1032***	0.1847**	0.1234*	0.0931***	0.1523**
EDU		0.1238**	0.0421	0.3210*	0.1498***	0.0923**	0.2734**
OPEN		0.0932*	0.2132	0.1447	0.1021*	0.1124*	0.1128
GDP		-0.1224**	-0.1032*	0.0832**	0.1124**	0.0748*	0.1095*
R^2(within)		0.5128	0.6442	0.4217	0.3342	0.2129	0.1920

续表

解释变量	REGDP(地区 GDP 增长率)			PERGDP(地区人均 GDP 增长率)		
	(1)	(2)	(3)	(1)	(2)	(3)
Hauseman Test	32.01***	21.02**	54.02***	16.09**	13.88**	17.21**
F Test	20.88***	15.32**	18.32***	15.82***	10.21*	12.22**

注:***、**、*分别代表1%、5%和10%的显著性水平。

从表5-4的分解结果可以发现:模型的解释力度良好,组内判定系数大体为40%~60%,Hauseman检验表明固定模型的估计效果较为优良,F检验则说明存在明显的个体效应。具体的回归结果中,人均GDP增长率的估计结果要小于总体GDP增长率的估计结果,表明现有贡献更多的是基于总量意义上的。不管是反映金融抑制相对程度的两个指标(RFIMON和RS-LOAN),还是反映国有企业绩效相对比重的三个指标(RSP、RSP1和RSP2),除了个别系数外,大部分系数均通过了10%的显著性水平检验。各变量的系数也与预期理论相一致。

(1)在市场化程度较低(在0与4.13之间)、经济发展还不十分成熟的经济发展早期阶段,反映金融抑制战略和国有企业绩效变量的系数显著为正,说明国有企业的产权结构和适度的金融抑制在市场化程度较低时仍旧可以实现一定的地区经济增长。

(2)随着市场化程度的提高和分工经济的逐步展开(在4.13和7.55之间),经济中重工业对轻工业的“外部性”逐渐下降,国有企业产权结构的代理成本却日益增加,从而导致反映金融抑制战略和国有企业绩效变量的系数虽然仍为正,但与市场化程度较低时相比会有所下降,这进一步表明为国有企业提供低成本资金的金融抑制战略对经济增长的促进作用也在日益下降。

(3)随着市场化程度的提高和分工经济的充分展开(在7.55和10.33之间),一旦国有企业的代理成本超过了弥补“外部性”所带来的收益,反映金融抑制战略和国有企业绩效变量的系数便由正转负,这进一步说明金融抑制战略和国有企业的产权结构在市场化水平较高时对经济增长的增长拖累。

(4)二者的交互项同样遵循了由正转负的变化趋势,说明金融抑制的制度安排从根本上是为了弥补“外部性”引起的投资不足,从而实现有限的经济效率;反之,金融深化与民营企业的产权结构制度搭配,以弥补现实经济环境中广泛存在的道德风险成本。

(5)控制变量的回归结果中,城市化率、教育水平和投资增长率与地区经济增长的回归结果显著,系数符号也符合理论预期,开放度与宏观经济波动的关系则较为复杂,具体理由本章不作详述。

5.4.4 稳健性检验

由上所述,"内生性"问题可能导致面板门限估计结构的偏误。我们采用 GMM 方法对 Kremer 等(2009)的动态面板门限模型进行估计。根据文献的通俗做法,以地区 GDP 增长率的滞后一阶和二阶作为工具变量,首先通过 TSLS 方法估计出门限值,然后利用工具变量,通过 GMM 方法估计各变量的系数。具体的估计结果如表 5-5 所示。

由于篇幅所限,本章只列示了二者交互项的稳健性检验结果,其余解释变量的检验与上述检验结果大致相同[①],不再具体列示。自由度的减少使得稳健性检验结果的判定系数和模型的系数估计精度有所下降,但绝大部分的系数通过了显著性水平检验且符合理论预期。稳健性检验进一步说明了命题 1 和命题 2 的结论:不同的经济和制度环境所需要的产权结构和金融战略是不同的。只有在市场化程度较高的前提下,国有企业和金融抑制的增长拖累才成立。

表 5-5 动态面板门限回归模型 GMM 估计结果

解释变量		REGDP(地区 GDP 增长率)			PERGD(地区人均 GDP 增长率)		
		(1)	(2)	(3)	(1)	(2)	(3)
常数项		-0.0321	-0.0745	0.00124*	0.0017*	0.0032*	0.0035
RSP × RFIMON (MAR)	(0,3.18]	0.3122			0.2197*		
	(3.18,8.24]	0.1217*			0.0832***		
	(8.24,11.33]	-0.0849**			-0.1625***		
RSP × RFIMON (MAR)	(0,3.18]	0.2177***			0.1327**		
	(3.18,8.24]	0.1721*			0.0217**		
	(8.24,11.33]	-0.0943**			-0.2248**		

① 由于方程中的内生解释变量较多,为了满足工具变量个数不小于内生变量个数的条件,对反映金融抑制与国有企业效率的变量只是分别进行稳健性检验。

续表

解释变量		REGDP(地区 GDP 增长率)			PERGD(地区人均 GDP 增长率)		
		(1)	(2)	(3)	(1)	(2)	(3)
RSP1 × RFIMON (MAR)	(0,3.18]		0.2847**			0.0723**	
	(3.18,8.24]		0.1032*			0.0003*	
	(8.24,11.33]		0.0827			-0.1438**	
RSP1 × RFIMON (MAR)	(0,3.18]		0.1187***			0.1023**	
	(3.18,8.24]		0.0247**			0.1123	
	(8.24,11.33]		-0.0921***			-0.3217***	
RSP1 × RFIMON (MAR)	(0,3.18]			0.3145**			0.1123*
	(3.18,8.24]			0.1186***			0.3214
	(8.24,11.33]			0.0145			0.1024
RSP1 × RFIMON (MAR)	(0,3.18]			0.2147**			0.1215**
	(3.18,8.24]			0.1032*			0.0094**
	(8.24,11.33]			-0.0417***			-0.1318***
控制变量		控制	控制	控制	控制	控制	控制
R^2		0.2213	0.1832	0.1947	0.2817	0.2254	0.1658
Hauseman Test		12.38**	20.17***	5.32*	3.28	1.32	5.24*
模型选择		FE	FE	FE	RE	RE	FE
F Test		10.17*	8.38*	6.21*	18.23***	20.17***	22.38***

注:***、**、*分别代表1%、5%和10%的显著性水平。

上述研究结论证实了国有企业的低效率与金融抑制战略的增长拖累效应需要以分工经济充分展开、市场化程度较高为前提。当前的研究文献以企业已经建立、交易风险已经成为效率损失的主要来源为前提,着重探讨国有企业与金融抑制战略本身的低效率及其更深层次的增长拖累(林毅夫等,1994;刘瑞明,2011),从而说明了产权和金融改革的必要性,但却忽略了经济和制度环境本身不断演进的事实。本章发展出来的理论模型和随后的实证检验表明:市场化程度本身构成了产权和金融发展战略选择的重要因素。当分工经济尚未展开、生产风险成为效率损失的主要来源时,国有企业与金融抑制的发展战略仍能实现有限的经济增长;但随着分工经济和市场的不断深入,交易风险替代生产风险成为效率损失的主要来源,国有企业与金融抑制的发展战略就会造成严重的赤字负担和进一步的增长拖累,那么就只能通过产权改革、理顺要素价格体系并实现金融深化,才能有效促进经济增长。一方面,传统研究文献强调市场失灵或缺失时国有企业以及金融抑制发展战略存在的必要性(林毅夫等,1994;张鹏飞,2011),但实际上只是描述了交易效率较小、市场化程度较低以及外部性广泛存在的低水平分工模式;另一方面,强调产权改革和金融深化重要性(林毅夫等,1994;刘瑞明,2011等)的研究文献只是描述了交易效率较高、市场化程度较高以及专业化经济充分展开的高水平分工模式。那么,基于经济和制度环境不断演变的研究前提,笔者便为上述结论提供了一个逻辑自洽的分析框架,从而为理解不同经济发展阶段产权和金融战略的选择提供了新的思路。

5.5 结论性述评

对国有企业低效率的讨论由来已久,随着讨论的不断深入,更多的研究文献以改革开放时期的经济和制度环境为研究起点说明了国有企业与金融抑制所战胜的巨大效率损失——增长拖累(林毅夫等,1994;刘瑞明,2011),进一步说明了改革开放以来产权和金融领域深层次的制度变迁对实现“经济增长奇迹”的重要意义。可以说,上述研究从当时的经济和制度环境出发对探讨产权和金融战略的选择更具方法论上的意义,并为 30 年的快速经济增长提供了很好的解释。产权和金融改革固然可喜,但在经历了 30 年快速增长后,我们的经济同样产生了这样或那样的问题:二次产业升级机制缺失,民营企业的发展困难重重,地区和区域市场分割,等等。既然产权和金融改革实现了广泛而深入的经济增长,我们又该如何理解上述问题,并成功跨越中等收入陷阱,实现由大国向强国的转变呢?我们不禁要问:在信息不对称、价格不能充分反映市场中广泛存在的信息时,金融深化和民营企业的产权结构如何发挥“看不见的手”的作用,以实现理想中的经济效率(Greenwood & Stigliz,1986)?

笔者认为,现有研究文献虽然从当时的经济和制度环境出发探讨产权和金融战略的选择,但这些文献以企业已经建立、交易风险已经成为效率损失的主要来源为研究前提,忽视了经济和制度环境不断动态演变的事实,那么,得出的结论失之偏颇也就不难理解了。沿着上述逻辑,本章提出了生产风险和交易风险的概念,以动态模拟经济和制度环境的演变,进一步发展了一个内生生产风险和交易风险的企业交易效率演进模型,并得出结论:在分工经济尚未充分展开、市场成熟度还不高时,生产风险成为效率损失的主要来源,那么有限的金融抑制(金融约束)和国有企业的产权结构就会因为有利于避免生产风险损失而成为次优的产权和金融结构,并实现经济增长;反之,随着交易效率演进、市场成熟度的不断提高和外部性的逐渐减弱,当交易风险替代生产风险成为效率损失的主要来源时,金融抑制和国有企业才可能产生本身的效率损失和进一步的增长拖累(刘瑞明、石磊,2010;刘瑞明,2011),金融深化和民营企业产权结构的转变才有可能实现合意的经济增长。本章依据1997—2007年的相关数据,利用面板门限模型证明了上述命题,也证实了我们的判断。上述理论和经验证据论证了外部性其实是内生于市场化程度之中的,这也与内生合约理论的经典解释相一致。

上述研究结论意味着,市场化本身是理解国有企业和金融抑制低效率的重要基础。传统的产权结构和金融战略的安排是在特定的经济和制度环境(市场不成熟,生产风险广泛存在)下,为了实现特定的历史任务而进行的特殊安排,在新的经济和制度环境(市场成熟度提高、生产风险成本较小)下,单纯地承认上述制度安排的低效率既不利于我们对理论本身的全面理解,也可能产生更为严重的政策错配。据此,本章认为:现阶段所出现的种种问题实际上就是因为现有的产权和金融制度安排无法筛选出真正有创新能力的企业,无法避免广泛存在的生产风险。这样,我们就又站在了一个新的历史的十字路口,我们当何去何从?

幸运的是,近年来出现的一个令人鼓舞的趋势是国有企业已经开始变革:进一步明晰产权,改革自身不合理的公司治理结构。那么国有企业是否有可能成为兼顾生产风险和交易风险的有效率的产权结构呢?对于这个问题,本章现在还不能给出完全确定的答复,但不可否认的是,国有企业的产权改革正在颠覆传统文献对国有企业与民营企业产权结构的理解。这就像Simon(1991)和Stiglitz(1991,1995)所描述的那样:"探讨所有制对于经济绩效的差异是毫无意义的,在现代市场经济中,即使是民营经济,也很少出现由所有者自己经营的情况,所有者与经营者的委托—代理结构在国有企业与民营企业之间并无明显的区别。”因此，笔者的政策建议是：摒弃所有制结构的偏见，完成由传统公司治理结构向现代公司治理结构的转变，培育现代市场体系并围绕该体系构建文化、法律及现代政府调控体系，才是我们实现长期经济增长、完成由“大国之路”向“强国之路”转变的必然选择。

6 发展战略、产权结构与政府最优行为——对近代以来中国长期经济增长轨迹的解读[①]

6.1 引言

在改革开放30多年后的今天，回顾中国所取得的经济成就绝对是一件令人兴奋和鼓舞的事情：1978年至今，中国的年均经济增长率高达8%，经济增长质量明显提高，工业总产值在国民经济中的比重达到42.9%，三次产业的结构逐步趋于合理，不折不扣地实现了中国发展的奇迹。与此同时，与经济的高速发展相伴随的种种谜团却不断地拷问着经济学家们的智慧：中国为什么可以在低水平的法制环境下取得如此瞩目的经济增长？中国在金融抑制的环境中取得快速经济增长的原因是什么（卢峰、姚洋，2004）？中国何以在缺乏民主和私有产权保护的环境下取得持续而有力的经济增长？虽然现有文献已经部分揭示了谜底，但真相却因为部分真相的揭示而变得更加扑朔迷离。那么，挖掘真相、寻找经济发展的重要原因便成为一个值得深入探讨的问题。

在已有的解释中，鉴于计划经济时期国有经济拙劣的经济表现，林毅夫等（1997）分析了赶超战略所承担的大量政策性负担所引起的低效率。他们认为：赶超战略"三位一体"（扭曲的宏观政策环境、高度集中的资源计划配置制度和没有自主权的微观经营机制）的制度性安排是导致计划经济后期国民经济举步维艰的重要原因。那么，摆脱政策性负担，实现由赶超战略向

---

① 本章内容以《发展战略、产权结构和政府最优行为——对近代以来长期经济增长轨迹的解读》为题发表于《新政治经济学评论》2013年第1期。

比较优势战略的转变就应该成为理解中国经济发展奇迹的基本线索。除了政策性负担外，由于传统国有企业公司治理结构的缺陷，大量的理论和经验文献还证实了由软预算约束（Kornai，1986；Dewatripont & Maskin，1995）、代理成本（张维迎，1999）和隐性契约（张军，1994）等原因造成的低效率和进一步的增长拖累（刘瑞明、石磊，2010），于是从更深层次上完成现代公司治理结构的改造、实现由传统企业向现代企业的变革便成为实现改革开放30多年来经济快速发展的重要原因。

但是，上述逻辑分析均是以国有企业低效率为前提进行展开的。我们不禁要问：在脱离了当时具体的经济和制度环境后，国有企业仍然是低效率的吗？既然国有企业如此低效，那么在实行赶超战略时，为什么选择国有企业而不是民营企业的产权安排？姚洋、郑东雅（2007）对上述问题进行了解答："投入要素的迂回生产可以提高轻工业的效率，重工业的发展具有正的外部性。而外部性的存在导致对重工业的私人投资要低于社会最优水平，因此必要的补贴和国有企业的产权安排将有利于当时经济的发展。但随着经济的发展，重工业外部性的作用将逐渐减弱，相应的补贴和传统国有企业的产权安排将变得不合时宜。"姚洋、郑东雅（2008）对上述逻辑进行了实证检验，认为："在1954—1979年实施赶超战略的25年间，对重工业的平均补贴率为37.37%，比平衡战略资本存量多增加了64.7%。"无独有偶，国外学者在关于所有制与经济绩效的文献中同样未能取得令人信服的结论，这其中既包括所有制与经济绩效相关的结论[①]（Dewenter & Malatesa，2001；Boardman & Vining，2006），也包括所有制与经济绩效不相关的结论（Kole & Mulherin，1997；Vickers & Yarrow，1999）。Tian（2001）认为，所有制与经济绩效存在着U型关系。

很显然，国有企业的低效率需要以一定的制度和经济环境为研究前提。但是，上述经济和制度环境到底是什么呢？由计划经济向市场经济的渐进转轨和财政体制的"分权化"改革应该成为考察的重点（张五常，2002；张曙光，2005，王永钦等，2007）。不同于苏联等社会主义国家"垂直管理"的计划经济模式，我国的计划经济呈现出"条块结合"的经济特征（Qian et al.，1999），这种特殊的政治和经济环境（M层级组织结构）确保了增量意义的市

① 强调所有制与经济绩效相关的结论认为，私营经济而不是国有经济可以促进经济的发展。

场化改革和分权改革在我国的成功实施(Qian & Weingast,1997),不仅硬化了中央政府对国有企业的预算约束,还促进了地区之间的竞争(Qian & Roland,1998),并进一步成为实现经济增长奇迹的重大推力。既然市场化改革和分权改革对经济增长的促进作用如此重要,那为什么只有中国取得了如此巨大的经济成就呢?于是,一个有能力并且有意愿按照社会福利最大化原则行事的"中性政府"便显得尤为重要(姚洋,2009)。贺大兴、姚洋(2009,2011)认为,转型期平等的社会结构和"增长共识"的重新形成使得中国相对于其他国家更具有"中性政府"的特征。那么,相对于其他发展中国家,中国更有能力和意愿不偏不倚地实行有利于社会福利最大化的改革,从而促进长期经济发展。

综上所述,现有的对经济增长奇迹的解释为我们提供了一个比较清晰的脉络:"一个'中性政府'的存在使得有利于社会福利最大化、更能促进长期经济增长的种种改革付诸实施,于是市场化改革和分权化改革得以顺利进行。但传统的制度和产权结构安排却与市场所要求的相去甚远,那么国有企业的低效率便成为必然。当传统制度和产权结构安排的缺陷被发现时,中性政府重新进行了产权改革和向比较优势战略的转变,从而实现了30年经济发展的奇迹。"很显然,改革开放30多年来的经济增长奇迹得益于"中性政府"的存在和一整套社会经济体制的转变,而单单强调某一方面的改革,其合理性是值得商榷的。系统地考察一整套社会经济体制的转轨应该成为考察30多年增长奇迹的方法论基础,但上述分析框架却以既定的经济和制度环境(外部性的重要性日益下降,道德风险成本构成企业效率损失的重要来源)为假设前提,从而忽略了经济和制度环境本身不断动态演进的现实,使其在解释近代以来的长期经济增长轨迹方面显得无所适从。

鉴于上述缺陷,冯涛、李英东(2009)构建了一个国家、市场和产权的良性互动式结构,并将其作为进一步理解长期经济增长的理论框架。他们认为,只有在国家、市场和产权之间的均衡结构和良性互动关系形成后,一国经济的长期、持续增长才会实现。据此,他们将近代(1840—1949年)经济增长缓慢的原因归结为国家孱弱、腐败,国家和市场的基本职能不能充分发挥;把改革开放前30年(1949—1978年)的有限增长的原因归结为国家秩序虽然建立,但市场和产权的激励与约束功能弱化;把改革开放后(1978年至今)的经济增长奇迹的原因归结为国家、市场和产权之间的良性互动。上述分析从产权结构的绩效出发,结合政府和市场的作用,无疑为我们理解近代以来的经济增长轨迹提供了很好的方法论意义,但仅仅局限于文字层面,还缺乏相应的理论模型来论证。

本章基于外部性对国有企业的增长拖累模型进行了扩展,分析了外部性和软预算约束对企业决策行为的影响。笔者从发展战略、产权结构及政府最优行为三个方面对近代以来的经济增长轨迹进行了解读并试图建立一个逻辑自洽的理论分析框架。

6.2 理论模型

对于国有企业的绩效及其对经济增长的影响,刘瑞明、石磊(2010)基于企业救助模型探讨了软预算约束所造成的国有企业低效率以及进一步的增长拖累,但与上述模型不同的是:①加入了外部性参数(λ),以考察外部性对企业决策行为的影响[①];②放松了税收总额(T)为外生给定的假设,进一步考察了税收的动态变化对企业决策行为的影响。假设存在包含国有企业(S)、民营企业(P)和政府(G)的三部门经济。社会总产出(Y)由两部分组成——国有企业产出(Y_S)和民营企业产出(Y_P),即 $Y = Y_S + Y_P$ 。除此之外, Y_S 和 Y_P 的生产函数分别为: $Y_i = A_i e_i f(\delta T) + \varepsilon_i$, $i = P,S$ 。式中, A_i 、 ε_i 分别为国有企业与民营企业产出所有制参数和随机因素,且 $A_P < A_S$ 。政府部门(G)按照 t_S 和 t_P 的边际税率分别对国有企业和民营企业进行征税,满足, $T = T_P + T_S = t_P Y_P + t_S Y_S$ (T_S 、 T_P 分别为民营企业和国有企业承担的税收总额)。我们假设税收总额(T)分别用于三种用途——公共服务、自身消费和补贴国有企业,其比例分别为 δ 、 τ 和 υ ,满足 $\delta + \upsilon + \tau = 1$,同时政府的公共服务生产函数($f(\delta T)$)满足 $f'(\delta T) > 0$ 和 $f'(\delta T) < 0$ 。最后,本章认为两类企业的努力成本函数满足 $C_{e_i} = (b/2) e_i^2$, $i = P,S$; b 为努力成本系数。

那么,企业的最优决策行为可以用以下规划式表述:

$$\underset{e_i}{Max}\ U_i = V_i - C_i\ (\ i = P,S\ )(\text{效用函数})$$

---

① 基于对历史的回顾,我们将重工业等同于国有企业、民营企业等同于轻工业,忽略了它们之间的差异。

$$s.t. V_i = A_i e_i f(\delta T) - T_i + \varepsilon_i \text{（企业部门实际收入函数）}$$

$$T = T_P + T_S = t_P Y_P + t_S Y_S \text{（税收部门函数）}$$

$$W = \tau T \text{（政府收益函数）}$$

$$\delta + \upsilon + \tau = 1 \text{（平衡预算约束）}$$

$$C_{e_i} = (b/2) e_i^2 \text{（努力成本函数）}$$

6.2.1 基准情况(NN)：无外部性和软预算约束

根据 $\partial E(U_i)/\partial e_i = 0$，可以解得基准情况下社会总收入（$V^{NN}$）、政府收益（$W^{NN}$）、国有企业（$e_P^{NN}$）和民营企业（$e_S^{NN}$）的最优努力程度分别为

$$\begin{cases} e_i^{NN} = \dfrac{(1-t_i)A_i f(\delta T)}{b - (1-t_i)A_i f'(\delta T)\dfrac{\partial T}{\partial e_i^{NN}}} \quad \left(\dfrac{\partial T}{\partial e_i^{NN}} = \dfrac{t_i A_i f(\delta T)}{1 - A_i e_i^{NN} f'(\delta T)}, i = P, S\right) \\ W = \tau T(e_P^{NN}, e_S^{NN}) \\ V = V_P^{NN} + V_S^{NN} = V(e_P^{NN}, e_S^{NN}) \end{cases} \tag{6.1}$$

进一步地，我们有

$$\frac{\partial e_i^{NN}}{\partial A_i} > 0, \frac{\partial e_i^{NN}}{\partial t_i} < 0, \frac{\partial e_i^{NN}}{\partial f(\delta T)} > 0, \frac{\partial e_i^{NN}}{\partial b} < 0, \frac{\partial V^{NN}}{\partial e_i^{NN}} > 0 \tag{6.2}$$

由此可以得出命题1。

命题1：国有企业和民营企业的努力程度受到边际税率、所有制效率参数、公共服务函数和努力成本的影响，效率参数和公共服务越高，边际税率和努力成本越小，企业部门的努力程度越高；社会总收入和政府收益与企业部门的努力程度成正比；政府收益还取决于税收用于自身的消费比例（τ）。

6.2.2 扩展情形Ⅰ(NES)：不存在外部性，存在软预算约束

由于政府与国有企业“父子关系”的存在，政府会对面临生存困境的企业进行补贴。具体实施方式为：当国有企业的产出低于某一固定值（$\bar{U}$）时，政府会对国有企业进行补贴，从而引起软预算约束。当面临软预算约束时，国有企业的收入函数可以表示为

$$V_S = \begin{cases} A_S e_S f(\delta T) - T_S + \varepsilon_S, A_S e_S f(\delta T) - T_S + \varepsilon_S \geq \bar{U} \\ \bar{U}, A_S e_S f(\delta T) - T_S + \varepsilon_S < \bar{U} \end{cases} \tag{6.3}$$

式(6.3)中,软预算约束程度(SR)为 $\bar{U}$ 与 $\lambda A_S e_S f(\delta T) - T_S + \varepsilon_S$ 之差,国有企业的保留效用($\bar{U}$)越高,软预算约束程度也就越强。

利用式(6.3)重新考察仅存在软预算约束时的社会总收入(V^{NES})、政府收益(W^{NES})、国有企业的最优努力程度(e_P^{NES})和民营企业的最优努力程度(e_S^{NES}),那么有

$$\begin{cases} e_P^{NES} = \dfrac{(1-t_P)A_P f(\delta T)}{b-(1-t_P)A_P f'(\delta T)\dfrac{\partial T}{\partial e_P^{NES}}} \quad \left(\dfrac{\partial T}{\partial e_P^{NES}} = \dfrac{t_P A_P f(\delta T)}{1-A_P e_P^{NES} f'(\delta T)}\right) \\ e_S^{NES} = \dfrac{(1-t_S)A_S f(\delta T)}{b-(1-t_S)A_S f'(\delta T)\dfrac{\partial T}{\partial e_S^{NES}}} \displaystyle\int_{\bar{U}-A_S e_S f(\delta T)}^{+\infty} f(\varepsilon_s)d\varepsilon_s \\ \qquad \left(\dfrac{\partial T}{\partial e_S^{SR}} = \dfrac{t_S A_S f(\delta T)}{\lambda - A_S e_S^{NES} f'(\delta T)}\right) \\ W^{NES} = \tau T(e_P^{NES}, e_S^{NES}) \\ V^{NES} = V(e_P^{NES}, e_S^{NES}) \end{cases} \tag{6.4}$$

对比式(6.3)和式(6.4)可以发现:当仅存在软预算约束时,由于概率密度性质 $\displaystyle\int_{\bar{U}-A_S e_S f(\delta T)}^{+\infty} f(\varepsilon_s)d\varepsilon_s < 1$,国有企业的最优努力程度将有所下降($e_S^{NES} < e_S^{NN}$),并进一步导致国有企业的实际收入下降($V_S^{NES} < V_S^{NN}$);由于不存在外部性,民营企业的努力程度和实际收入不受影响($e_P^{NES} = e_P^{NN}$, $V_P^{NES} = V_P^{NN}$);政府收益和社会总收入将因为国有企业努力程度的下降而下降($W^{NES} < W^{NN}$, $V^{NES} < V^{NN}$)。

通过以上讨论可以得出命题2。

命题2:当只存在软预算约束、不存在外部性时,国有企业的努力程度和实际收入将会下降,民营企业则不受任何影响;政府收益和社会总收入将因为国有企业努力程度的下降而下降。

6.2.3 扩展情形Ⅱ(ENS):存在外部性,但不存在软预算约束

上述情形虽然描述了软预算约束所产生的非效率结果(生存困境),但并未分析软预算约束的成因,即政府为什么会对国有企业进行补贴。为此,

姚洋、郑东雅(2008)认为:由于重工业迂回生产对轻工业具有外部性,国有企业可能因为只能享受到部分收益而出现投资不足,进而陷入生存困境,那么国有企业和民营企业的实际收入函数可以表示为

$$V_S = \lambda[A_S e_S f(\delta T) - T_S + \varepsilon_S] \tag{6.5}$$

$$V_P = A_P e_P f(\delta T) + (1-\lambda)[A_S e_S f(\delta T) - T_S + \varepsilon_S] - T_P + \varepsilon_P \tag{6.6}$$

其中,λ 表示外部性的参数,满足 $\lambda \in (t_t, 1)$ ①,且当 $\lambda \to 1$ 时,国有企业对民营企业的外部性越小。民营企业的实际收入函数(V_P)由两部分构成:民营企业的自身收益和国有企业相对于民营企业的收入外部性。

据此,我们可以解得只存在外部性时的社会总收入(V^{ENS})、政府收益(W^{ENS})、国有企业的最优努力程度(e_P^{ENS})和民营企业的最优努力程度(e_S^{ENS}),分别为

$$\begin{cases} e_P^{ENS} = \dfrac{(1-t_P)A_P f(\delta T)}{b-(1-t_P)A_P f'(\delta T)\dfrac{\partial T}{\partial e_P^{ENS}}} \quad \left(\dfrac{\partial T}{\partial e_P^{ENS}} = \dfrac{t_P A_P f(\delta T)}{1-A_P e_P^{NES} f'(\delta T)}\right) \\ e_S^{ENS} = \dfrac{(\lambda-t_S)A_S f(\delta T)}{b-(\lambda-t_S)A_S f'(\delta T)\dfrac{\partial T}{\partial e_S^{ENS}}} \quad \left(\dfrac{\partial T}{\partial e_S^{ENS}} = \dfrac{t_S A_S f(\delta T)}{\lambda-A_S e_S^{NES} f'(\delta T)}\right) \\ W^{ENS} = \tau T(e_P^{ENS}, e_S^{ENS}) \\ V^{ENS} = V(e_P^{ENS}, e_S^{ENS}) \end{cases} \tag{6.7}$$

进一步解得

$$\frac{\partial e_P^{NES}}{\partial \lambda} = 0,\ \frac{\partial e_S^{ENS}}{\partial \lambda} = \frac{A_S f(\delta T) + A_S f'(\delta T)\dfrac{\partial T}{\partial e_S^{ENS}}}{\left[b-(\lambda-t_S)A_S f'(\delta T)\dfrac{\partial T}{\partial e_S^{ENS}}\right]^2} > 0 \tag{6.8}$$

由式(6.8)可知:当只存在外部性、不存在软预算约束时,国有企业的努力程度和实际收入将下降($e_S^{ENS} < e_S^{NN}$, $V_S^{ENS} < V_S^{NN}$),且外部性越大($\lambda \to t_i$),国有企业的努力程度越小;民营企业的最优努力程度将不受影响($e_P^{ENS} = e_P^{NN}$),但实际收入却因为国有企业相对于民营企业外部性的存在而减小($V_P^{ENS} < V_P^{NN}$);那么,政府收益和社会总收入也将因为国有企业的努力程度

---

① 此条件保证了企业至少付出相应的努力以满足政府的税收,从而保证 $\partial^2 NSOE/\partial MAR^2 > 0$ 。

及溢出效应的下降而下降，即 $W^{ENS} < W^{NN}$，$V^{ENS} < V^{NN}$。

$$\frac{(1-t_S)A_S f(\delta T)}{b-(1-t_S)A_S f'(\delta T)\dfrac{\partial T}{\partial e_S^{NES}}}\int_{\bar{U}-A_S e_S f(\delta T)}^{+\infty} f(\varepsilon_s)d\varepsilon_s > \frac{(\lambda-t_S)A_S f(\delta T)}{b-(\lambda-t_S)A_S f'(\delta T)\dfrac{\partial T}{\partial e_S^{ENS}}} \tag{6.9}$$

通过式(6.9)可以进一步推出 $W^{ENS} < W^{NES}$，$e_S^{ENS} < e_S^{NES}$，$V_S^{ENS} < V_S^{NES}$，$V_P^{ENS} < V_P^{NES}$，$V^{ENS} < V^{NES}$，即当弥补外部性所产生的收益超过软预算约束所产生的成本时，国有企业的最优努力程度和实际收入函数将提高，进而导致政府收益和社会总收入的增加。

根据以上讨论我们可以得出命题3。

命题3：当只存在外部性、不存在软预算约束时，国有企业的努力程度和实际收入下降；民营企业的努力程度不受影响，但其实际收入却会因为国有企业对民营企业外部性的下降而下降；政府收益和社会总收入也将因为国有企业努力程度的下降而下降；当弥补外部性所产生的收益超过软预算约束产生的成本时，政府选择对国有企业进行补贴，反之，国有企业的低效率及增长拖累会成为一种必然。

6.2.4 扩展情形Ⅲ(ESR)：存在外部性和软预算约束

同时存在外部性和软预算约束描述了以下经济环境：重工业迂回生产对轻工业所具有的外部性，使得国有企业的努力程度不足，并进一步引起国有企业实际收入和社会总收入的下降。为了弥补收益外部性，政府可能会对面临生存困境的国有企业进行补贴，但市场不成熟以及政府机会主义等因素的存在①，使得上述补贴并未用于生产性用途而产生软预算约束②。那

① 市场因素对国有企业绩效的改善主要体现在以下两个方面：a. 市场化程度的提高有利于公司治理结构的改善，从而制约了软预算约束所产生的道德风险成本；b. 市场化程度的提高还有利于交易技术和交易制度的完善，进一步培育国有企业与民营企业公平竞争的制度环境，进而使国有企业“偷懒”的机会成本增加。而政府机会主义则可能导致国有企业的努力程度得不到任何回报，从而导致道德风险程度增加。

② 在这里，为了求解方便，我们假设政府对国有企业的补贴完全没有弥补外部性，而扩展情形Ⅱ可以看成是政府对国有企业的补贴完全弥补了外部性，扩展情形Ⅲ可以看成是完全弥补了软预算约束。

么，当同时面临外部性和软预算约束时，国有企业和民营企业的收入函数可以重新表示为

$$V_S = \begin{cases} \lambda A_S e_S f(\delta T) - T_S + \varepsilon_S, \lambda A_S e_S f(\delta T) - T_S + \varepsilon_S \geqslant \bar{U} \\ \lambda \bar{U}, \lambda A_S e_S f(\delta T) - T_S + \varepsilon_S \geqslant \bar{U} \end{cases} \tag{6.10}$$

$$V_P = \begin{cases} A_P e_P f(\delta T) + (1-\lambda)[A_S e_S f(\delta T) - T_S + \varepsilon_S] - T_P + \varepsilon_P, \lambda A_S e_S f(\delta T) \\ - T_S + \varepsilon_S \geqslant \bar{U} \\ A_P e_P f(\delta T) + (1-\lambda)\bar{U}, \lambda A_S e_S f(\delta T) - T_S + \varepsilon_S \geqslant \bar{U} \end{cases} \tag{6.11}$$

重新考察国有企业和民营企业的决策行为，可以解得国有企业和民营企业的最优努力程度，分别为

$$\begin{cases} e_P^{ESR} = \dfrac{(1-t_P)A_P f(\delta T)}{b - (1-t_P)A_P f'(\delta T)\dfrac{\partial T}{\partial e_P^{ESR}}} \quad \left(\dfrac{\partial T}{\partial e_P^{ESR}} = \dfrac{t_P A_P f(\delta T)}{1 - A_P e_P^{ESR} f'(\delta T)}\right) \\ e_S^{ESR} = \dfrac{(\lambda - t_S)A_S f(\delta T)}{b - (\lambda - t_S)A_S f'(\delta T)\dfrac{\partial T}{\partial e_S^{ESR}}} \displaystyle\int_{\bar{U} - A_S e_S f(\delta T)}^{+\infty} f(\varepsilon_s)\, d\varepsilon_s \\ \qquad \left(\dfrac{\partial T}{\partial e_S^{ESR}} = \dfrac{t_S A_S f(\delta T)}{\lambda - A_S e_S^{ESR} f'(\delta T)}\right) \\ W^{ESR} = \tau T(e_P^{ESR}, e_S^{ESR}) \\ V^{ESR} = V(e_P^{ESR}, e_S^{ESR}) \end{cases} \tag{6.12}$$

进一步可以解得

$$\frac{\partial e_S^{ESR}}{\partial \lambda} = \frac{A_S f(\delta T) + A_S f'(\delta T)\dfrac{\partial T}{\partial e_S^{ESR}} \displaystyle\int_{\bar{U} - A_S e_S f(\delta T)}^{+\infty} f(\varepsilon_s)\, d\varepsilon_s}{\left[b - (\lambda - t_S)A_S f'(\delta T)\dfrac{\partial T}{\partial e_S^{ESR}}\right]^2} > 0, \quad \frac{\partial e_P^{ESR}}{\partial \lambda} = 0 \tag{6.13}$$

且满足：$e_S^{ESR} < \min(e_S^{NN}, e_S^{NES}, e_S^{ENS})$，$V_S^{ESR} < \min(V_S^{NN}, V_S^{NES}, V_S^{ENS})$，

$V_P^{ESR} < \min(V_P^{NN}, V_P^{NES}, V_P^{ENS})$，$V^{ESR} < \min(V^{NN}, V^{NES}, V^{ENS})$，

$W^{ESR} < \min(W^{NN}, W^{NES}, W^{ENS})$。

根据以上论述可以得出命题4。

命题4：当同时存在软预算约束和外部性时，政府收益、社会总收入、国

有企业、民营企业的努力程度和实际收入将下降，且下降的幅度比单一因素影响时要大。

根据以上讨论，我们可以描绘出综合考虑外部性和软预算约束后的企业部门努力程度和实际收入函数，以及在此基础上的社会总收入和政府收益函数，具体如图 6 - 1 至图 6 - 3 所示。

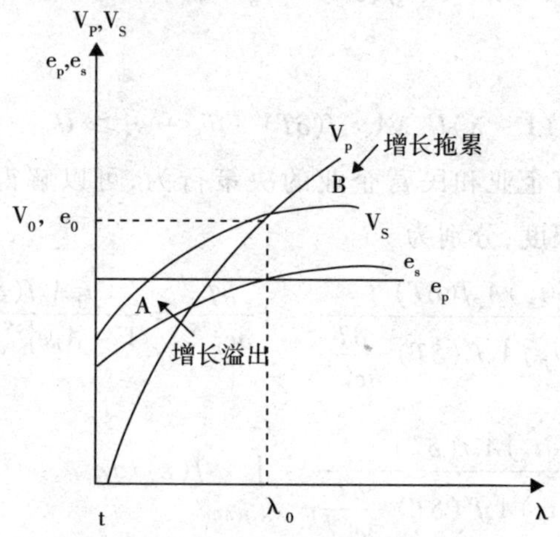

图 6 - 1　企业部门的努力程度和实际收入函数（外部性）

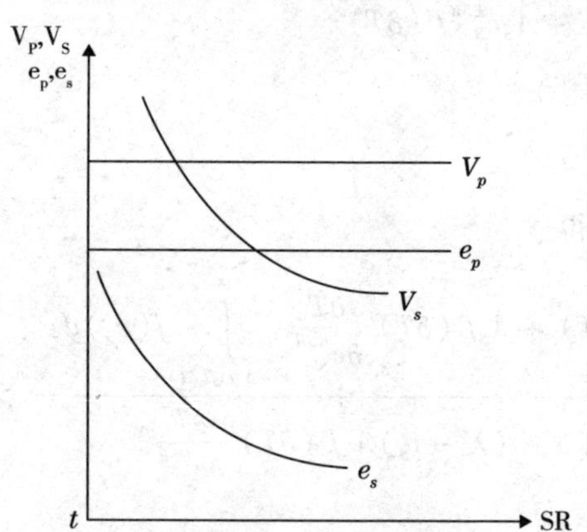

图 6 - 2　企业部门的努力程度和实际收入函数（软预算约束）

通过图 6 - 1 至图 6 - 3 可以发现：

（1）随着外部性（ λ ）的不断变化，民营企业的努力程度不变，但国有企业的努力程度和实际收入与民营企业的实际收入和外部性成反比。当外部性较大时，国有企业的努力程度小于民营企业的努力程度，国有企业的实际

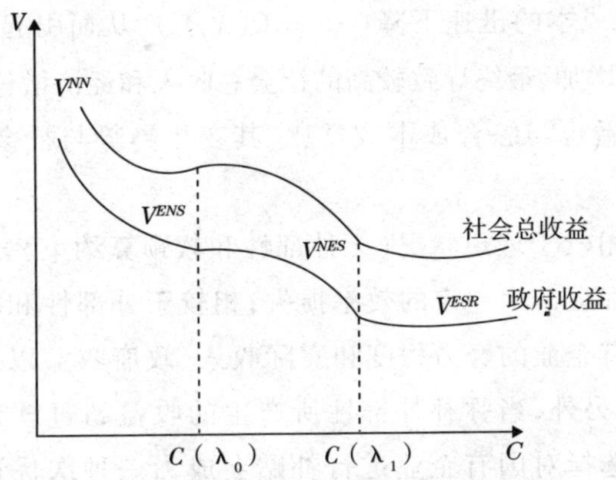

图 6－3　社会总收入和政府收益函数(综合成本)

注:图 6－1 和图 6－2 分别描述了随着外部性和软预算约束的变化,企业部门的努力程度和实际收入函数的变化趋势,定义综合成本 $C=f(\lambda,SR)$,图 6－3 描述了随着综合成本的变化,社会总收入和政府收益的变化趋势; λ_0 由 $e^{NES}=e^{ENS}$ 所定义,λ_1 由 $e^{NES}=e^{ESR}$ 定义。

收入高于民营企业的实际收入(源于政府对国有企业的补贴),此时国有企业存在着增长溢出(A);反之,国有企业的努力程度较高,但其实际收入较小,此时国有企业存在着增长拖累(B)。

(2)随着软预算约束程度(SR)的不断变化,民营企业的努力程度和实际收入不变,国有企业的努力程度和实际收入成反比。当软预算约束程度较大时,国有企业的努力程度要远远小于民营企业的努力程度,其实际收入也较小;反之,国有企业的努力程度接近于民营企业的努力程度,其实际收入也较高,在小于 SR_0 时,国有企业还可能超过民营企业的实际收入。

(3)在综合考虑了外部性和软预算约束的前提下,综合成本(C)越大,社会总收入就越小,当 $C\to 0$ 时,$V\to V^{NN}$。当综合成本较大时,外部性和软预算约束同时存在,导致国有企业和民营企业的实际收入均较小,进一步导致较低的社会总收入和经济增长率(V^{ESR} 阶段),其经济增长也几乎停滞;随着政府对国有企业进行补贴,当弥补外部性所产生的收益超过外部性和软预算约束同时存在时所产生的综合成本时($C<C(\lambda_1)$),社会即走出经济停滞的状态,并实现了一定的经济增长。但因为国有企业对民营企业外部性的逐步下降,其增长逐渐减弱(V^{NES} 阶段);一旦弥补外部性所产生的收益被软预算约束引起的道德风险成本所抵消,进一步的产权改革将导致道德

风险成本和综合成本的迅速下降（$C < C(\lambda_0)$），从而引起国有企业和民营企业实际收入的增加，最终导致较高的社会总收入和经济增长率（V^{ENS} 阶段）。

(4)政府收益也与综合成本成反比，其变化趋势与社会总收入相似，本章不再详述。

综上所述，相较于理想状况（无外部性和软预算约束），无论是外部性还是软预算约束，都会产生一定的效率损失；相较于外部性和软预算约束同时存在的情形，国有企业的努力程度和实际收入、政府收益以及社会总产出均有一定的提升。另外，当弥补外部性所产生的收益超过软预算约束所产生的成本时，政府选择对国有企业进行补贴会成为一种次优选择；反之，进行产权改革，消除国有企业的软预算约束，才会引起国有企业效率、政府收益和社会总收入的提升，这就意味着：国有企业不仅存在着低效率和增长拖累，还存在着高效率和增长溢出，只有在特定的经济和制度环境下（软预算约束引起的道德风险超过弥补外部性所产生的收益），国有企业的低效率及增长拖累才能成立。纵观新中国建立60多年来的经济增长轨迹，不论是“赶超”战略还是比较优势战略，实际上都是为了最小化外部性和软预算约束所产生的综合成本。那么，以国有企业的低效率和既定的经济和制度环境为起点，通过比较优势战略阐述改革开放后30年来所产生的“增长奇迹”显然还不能很好地解释近代以来的经济增长轨迹。于是，通过发展战略的变化，综合考虑政府行为和最优产权结构成为我们分析近代以来经济增长轨迹的逻辑起点。

6.3 理解近代以来经济增长轨迹的理论框架

对于近代以来的经济增长轨迹，冯涛、李英东（2009）等主要将其分为三个阶段：近代（1840—1949年）的增长停滞阶段、改革开放前30年（1949—1978年）的缓慢增长阶段和改革开放后（1978年至今）的高速增长阶段。那么，应该如何理解近代以来的经济增长轨迹呢？首先可以明确的是，近代以来我国的经济和制度环境经历了少有的动荡和变化，这导致现有关于经济增长奇迹的分析在解释近代以来的经济增长轨迹方面显得力不从心。为此，冯涛、李英东（2009）构建了一个国家、市场和产权的良性互动式结构，并进一步将其作为理解长期经济增长的理论框架。他们认为，只有在国家、市场和产权之间的均衡结构和良性互动关系形成后，一国经济的长期、持续增长才会实现。

上述分析框架所提供的方法论上的指导意义无疑是明显的：①承认在经济和制度环境不断演变的前提下系统地考察国家、政府和产权之间的良性互动对实现长期经济增长的重要作用，摆脱了单纯地从某一个方面对经济增长进行解读的缺陷；②以不断变化的经济和制度环境为基础，通过考察私有产权安排的绩效对近代以来的经济增长轨迹进行解读有助于我们理解上述问题。然而，上述研究结论却未能提出很好的理论模型来形式化上述逻辑。另外，综合第二部分的研究结论可以发现：国有企业的低效率和增长拖累并不必然成立。在外部性较大时，政府的积极干预和国有产权安排是存在着增长溢出的。只有在外部性较小，软预算约束引起的道德风险成本成为效率损失的主要来源时，国有企业的低效率和增长拖累才能成立。这就意味着：产权安排的绩效是相对的，单单强调国有企业的低效率及增长拖累不仅会带来理论认识上的偏狭，还可能造成更为严重的政策错配。

综上所述，在经济和制度环境不断演变的前提下，具体地考察产权安排的绩效应该成为理解近代以来经济增长轨迹的逻辑起点。鉴于国家、市场和产权在分析改革开放前30年有限增长时的缺陷[①]，笔者沿用了林毅夫(1994)的研究思路，通过发展战略具体考察产权安排的绩效和进一步的增长轨迹。笔者认为：发展战略的主要目标是最小化外部性和软预算约束所产生的综合成本，并进一步落实阶段性的经济增长。为了保证发展战略的实施，政府还需要进行一系列的政策和制度安排。笔者还认为，发展战略需要符合最大化政府收益的决策，否则发展战略的实行将会因为政府行为的偏离变得不可持续。那么，不同的发展战略便体现了不同的经济和制度环境，从而实现了在不断变化的经济和制度环境下动态地考察产权结构，同时意味着产权安排的效率只是宏观经济效率的一部分，而从发展战略、产权结构和最优政府行为三个方面进行考察也是笔者分析近代以来经济增长轨迹的基础。

---

① 冯涛、李英东(2009)仍旧以国有产权安排的低效率为研究前提，并将改革开放前30年的有限增长归因于国家职能的强化、政治秩序的稳定和发展热情的上升，这与现有的研究结论存在很大出入。

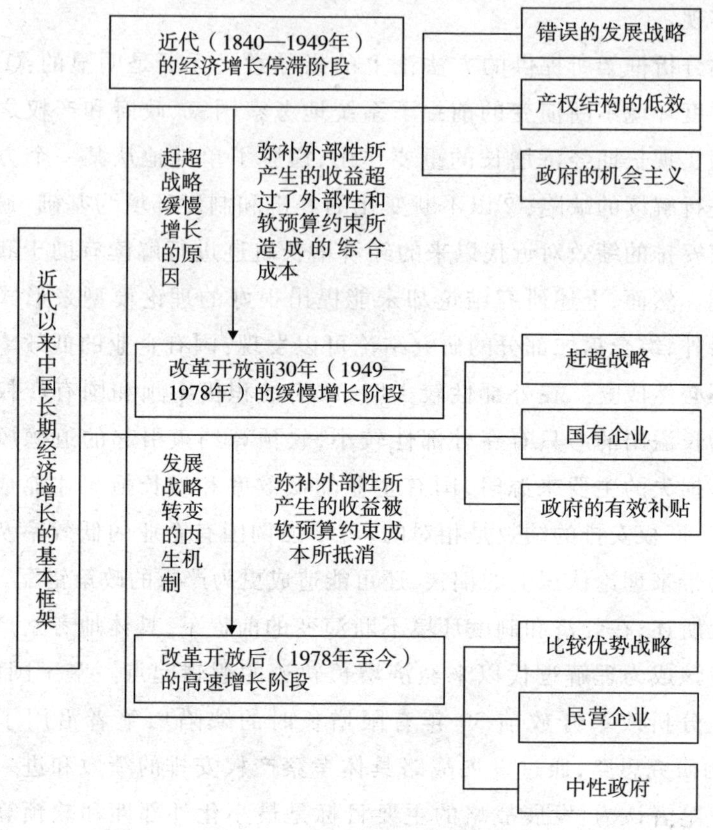

图 6-4　近代以来中国长期经济增长的基本框架

6.3.1　近代(1840—1949 年)的经济增长停滞阶段:错误的发展战略、产权结构的低效和政府的机会主义

1840 年以来的 100 多年间,中国在世界经济中的地位大幅下滑,在世界 GDP 中的比重也从 1/3 降至 1/20,1820—1952 年中国人均 GDP 增长率为 -0.08%,经济增长陷于停滞(麦迪逊,1999)。这一时期,系统化财政制度的缺失导致对整体经济的动员和组织能力减弱,因而只能通过一些临时性的方式获得一定的资本,但是这些方式本身的筹集成本又太高,一方面造成了对预期的不确定和担心,难以形成长期经济绩效的提高,另一方面造成了依附于权力的不公和寻租,破坏了隐含的社会契约。同时,有限的资本总量还被重工业占有和挤占,个体的消费严重不足,而有消费能力的官僚和民营资

本又热衷于黄金储备，轻工业发展畸形（最终消费市场的严重不足和过度依赖个别城市与国外市场）便成为一种必然结果。于是，我们看到，以最大化榨取租金、追求政府垄断收益为主要目标，以忽视社会总体福利为特征的错误发展战略成为这个时期经济增长停滞的主要原因。在错误的发展战略下，外部性和软预算约束引起的综合成本较大，经济增长轨迹位于 V^{ESR} 阶段，扭曲的制度安排所造成的产权结构低效和福利损失主要表现在四个方面。

(1)财政供给能力低下，无法为重工业的“外部性”提供补贴。

由于迂回生产所面临的外部性，在经济发展的初始阶段，重工业和基础设施等部门因为违反要素禀赋结构而没有自生能力（林毅夫，2002），那么上述部门在纯粹的市场机制面前将不被选择，这时国有企业的产权安排和政府的有效补贴便成为弥补外部性的有效方式（林毅夫等，1994）。但是，晚清时期我国尚未建立完善的财政制度，政府没有充分的财政供给能力来支持公共事业的发展，整个社会的公共基础设施和公共服务事业的发展水平都较为低下。一个典型的例子就是，在晚清时期，清政府排除英、俄等殖民国家的阻挠，委派詹天佑为总工程师修建京张铁路。尽管詹天佑和他的工程技术团队极具创造性和前瞻性，但是由于清政府拨款有限，各职能部门缺乏完善的财政制度指导，相关工程指导即铁路工程标准及行车规章制度没有统一，使得工程在路况、技术、资金、人才等诸多方面都遇到了前所未有的困难，这给整个工程的实施增加了技术难度（费正清、刘广京，1993）。这种系统化的税收和财政制度在北洋政府时期仍然没有得到改善，表现为一种无政府状态，直到 1927 年南京政府成立以后，政府也只是对少数省份（如浙江、江苏、安徽和江西等）具有政治和经济上的控制权。也正是这个原因，作为第一座由中国人（茅以升）自主设计并建造的铁路公路两用桥——钱塘江大桥在这一时期虽然得以建成，其成就也足以令人振奋，但与京张铁路相似，其所面临的阻力非常大。钱塘江自古以险恶著称，水文地理条件极为复杂，使得工程在实施前期就遭遇到很多自然条件的限制。另外，由于政府在相关领域缺乏技术和理论支持，该工程从构想、设计、建造到完成都遇到了很多技术难题。同时，在日本侵略者入侵我国东部地区的背景下，国民政府无法为建桥提供充分的资金、技术、人力和安全等客观条件的支持，也给建桥工程的实施造成了很大的障碍（孙健，1992）。于是，除了对精英分子的爱国热忱和民族意识感到敬佩，并为他们所取得的成就感到惊叹之外，我们更应该看到财政补贴不力所导致的京张铁路和钱塘江大桥修建的低效率，即制度化财政供给能力的缺失对重工业和基础设施发展的极大限制以及对上述行业（国有企业）增长溢出作用发挥的制约。

（2）官商不分、官商勾结等现象造成的软预算约束。

即使政府能够利用有限的财政对国有企业进行补贴，为数不多的补贴也会因为严重的官商不分、官商勾结及利用政治权利来兴办企业等原因造成较为严重的软预算约束和道德风险成本，从而导致国有企业努力程度和实际收入的进一步下降。以晚清重臣李鸿章为例，通过从私商手中筹集的大量资本，他先是通过创立中国近代最大的民用企业——轮船招商局（1872年）奠定了“官督商办”的政策基调，然后创立了江西兴国煤矿、开平矿务局、上海华盛纺织总厂、上海机器织布局等一系列民用企业，将政策由“官督商办”过渡为“官商合办”。李鸿章作为政府官员，实际上却控制着企业，企业中的多数经理也都是有官衔的人，由此使得企业具有十分典型的政府控制权或控股权。到了北洋政府时期，官商勾结的现象仍然存在。大军阀曹锟利用职务便利贪污受贿、克扣军饷，聚集了大量财富，并将其投入到各个领域兴办企业并从中敛财，尤其在担任中华民国总统期间，他在保定征购土地，大兴土木修建大本营，曹氏家族在中国银行保定分行就有六百余万元的巨额存款，总财富一度高达六千万元（费正清，1993）。到了南京政府时期，四大家族对中国政治和经济命脉的控制更是达到了一定的高度。四大家族以蒋介石为首，利用战时背景，通过加强官僚资本在国民经济中的垄断地位，使得官僚资本迅速膨胀，依靠政治特权来进行经济掠夺，大发国难财。

（3）政府的机会主义、市场功能的扭曲和民营经济发展的举步维艰。

晚清时期，由于缺乏有效的法律体系和政府管理体系，国民经济和商品经济的发展始终缺乏有效的鼓励和保护措施。官僚资本阶级在政府的保护下大肆追求私利，而以私人企业为主体的商人阶级却未能得到自由发展。同时，由于外国进口企业和在华外资企业在国内的特权，本土的华资企业缺乏产品竞争力和政府的有效保护。官商勾结、官商不分也导致政府官员利用私人企业来索取各种利益（费正清、刘广京，1993）。到了晚清后期，清政府更是软弱无力，一步步成为西方列强侵略中国的工具，内地流通税加重，对洋货的征税却相对较轻，使得经济资源遭到大量的掠夺，民间经济和本土企业的发展严重受阻,市场环境也没有得到良性的发展,政府职能更是没有得到应有的体现(许涤新、吴承明,2003)。

到了民国时期,市场经济得到有效的发展,私有产权虽然存在却没有得到有效的界定和保护。在国民政府时期,四大家族主要通过发行公债、增加捐税、通货膨胀、外汇管制和买卖黄金、统购统销等方式来膨胀官僚资本。四大家族的官僚资本对国民经济的垄断已经扩张到工商业的各个部门,并垄断了国统区的国内外贸易,其中金融垄断最为突出,由四大家族控制的四大银行的存款在各银行中增速最快,在全部银行存款中,四大银行的存款占到了80% ~90%。由此,所谓的中央政权带有了严重的私人色彩,在政府的组织架构中,私人政权的性质难以消除,市场竞争秩序失真,产权的激励功能并不能得到有效的发挥。总之,整个社会都受私人集团利益风气的影响而表现出严重的市场萎缩,社会冲突加剧(许涤新、吴承明,2003)。

于是,外部性和软预算约束的同时存在严重地制约了国有企业增长溢出作用的发挥,民营企业所赖以生存的公平市场环境和严格的私人产权保护制度也未能制定和执行,政府机会主义盛行,民营经济的发展举步维艰。1920—1948 年,全部资本中官僚资本的比重由 25.96% 上升到 64.13%,民族资本的比重基本没有变化;1936—1948 年,当全部产业资本和民族资本的增长率都为负值的时候,官僚资本却保持了 6.72% 的增长率(许涤新、吴承明,2003)。

(4)产权安排低效所导致的恶性循环。

由上所述,同时存在的外部性和软预算约束使得国有企业的发展面临生存困境(刘瑞明、石磊,2010);民营企业赖以生存的制度环境又因为政府的机会主义和市场环境的扭曲遭到极大的侵蚀,进一步导致民营企业面临生存困境。上述生存困境会导致较低的政府收益和社会总收入,而政府收益的降低又会刺激政府机会主义的泛滥和市场环境的进一步扭曲。于是,近代 100 年间产权安排的低效率阻碍了制度的培育和完善,国家陷入“制度低效率—产权安排失效—增长停滞”的恶性循环当中,这进一步导致了后来重工业优先发展战略等“增长共识”的形成。同样以三个时期状况为例:在晚清时期,各级地方官员依靠自己的职务便利和严苛的税收制度来发家致富(费正清、刘广京,1993);到了北洋政府时期,发行公债、增加捐税、滥发纸币导致通货膨胀，外汇管制和买卖黄金、统购统销等成为各级官员敛物敛财的手段，系统化的财政体系和完善的税收制度仍然没有建立（孙健，1992；费正清，1993）；而到了南京政府时期，税收制度的漏洞更是暴露无遗，各种附加税的税额往往会超过征税税额若干倍，而税种更是复杂多样，其中有些税种的征收颇为无理，甚至还存在没有名目的税收，这些税收往往是各省县收入的主要来源（李新等，1987）。

6.3.2 改革开放前30年（1949—1978年）的缓慢增长阶段：赶超战略、国有企业和政府的有效补贴

近代的经济增长停滞是我们所不忍回顾的，由此造成的军事和政治上的被动局面使得民众形成了较为强烈的“增长共识”（姚洋，2009）。于是，当共产党以战争的方式重新统一了中国并有效地控制了软预算约束成本时，政府便可以有效地对重工业广泛存在的外部性进行弥补，进一步通过重工业的增长溢出实现有限的经济增长[①]，即如果弥补外部性的收益超过了外部性和软预算约束引起的综合成本，综合成本将小于 $C(\lambda_1)$，经济增长轨迹将进入 V^{NES} 阶段。赶超战略下产权安排的效率主要体现在三个方面。

（1）“三位一体”的政策制度安排极大限度地弥补了外部性。

以高资本密集度为主要特征的重工业和新中国成立初期的初始要素禀赋产生了较大的差异，如果任由市场决定，重工业将因为外部性而面临投资不足和实际收入较低的局面。压低要素价格，实现与重工业的要素禀赋相一致便成为发展重工业的必要措施。于是在赶超战略实行的30年中，利率、汇率及工资水平等均维持在一个较低的水平[②]（林毅夫等，1994）。但在一个

① 主要表现在：政府通过“三位一体”的制度安排完成了从生产到消费的全过程，通过指令计划等为重工业和基础设施行业提供消费渠道，使重工业和基础设施行业不仅实现了自身的发展，还通过增长溢出有力地促进了轻工业的发展和宏观经济的有限增长。

② 以工资水平为例，我国从20世纪50年代初开始实行统一的工资制度，标准由中央统一制定，地方无权进行调整，工资水平较低。直到1978年，大多数年份职工的平均工资都在600元以下，即使按官方扭曲的汇率计算，这些年份全国职工的平均工资也仅有200余美元，大大低于同时期其他国家的工资水平。与此相类似，利率水平在改革开放前30年经历了较大幅度的调整。1949年到1950年初，中国人民银行的工业贷款利率一度高达144%，但为了配合“赶超”战略的低利率政策，中国人民银行对国有企业的贷款利率在1950年7月31日调至2.0%，在经历了一系列的调整后，中国人民银行于1954年4月将利率水平最终调至0.456%，后又在1960年6月将利益水平调高到0.6%，到了1971年8月，又调低至0.42%（林毅夫等，1994）。

要素价格完全由市场经济决定的经济环境中,要素价格的低估将会产生要素供给的短缺,那么抛弃资源配置的价格市场机制、实现由政府来统一分配资源的计划配置制度和缺乏微观决策权的国有产权安排就显得尤为必要。于是,“三位一体”的制度安排(扭曲的宏观政策环境、高度集中的资源计划配置制度和没有自主权的微观经营机制)便因为极大地弥补了重工业和基础设施等部门的外部性而成为一种有效率的制度安排。所以,在改革开放前30年,新中国在当初“一穷二白”的基础上建立了门类齐全、独立的工业体系。据赵德馨(2003)的统计,从1952年到1977年,大规模的经济建设涉及通信、医疗、国防和重化工等众多基础工业领域,为改革开放后的高速经济增长奠定了坚实的基础。除此之外,铁路、公路、水利等基础设施领域的进展也相当迅速。在始于1964年的“三线”建设中,中国实现了增强国防力量和改善工业格局的双赢目标。在这个过程中,中国自主研发并设计出了汽车、坦克、飞机等重要工业产品,同时在国防领域取得了重大突破——成功地引爆了原子弹和氢弹,人造卫星和中远程导弹也被成功发射。

(2)官商不分、官商勾结等现象的根除与软预算约束成本的控制。

当共产党以战争的方式统一全国后,官商勾结的垄断性所有权结构被彻底根除。新中国将国家垄断资本与官僚资本收归国有,推翻了最大化统治者剩余(租金)的所有制结构,从根本上改变了中国自1840年以来亦官亦商、官商勾结的经济基础(冯涛、李英东,2009),从而有力地控制了国有企业因为软预算约束所引起的道德风险成本,使国有企业的努力程度和实际收入进一步提高。

(3)重工业以及国有企业的增长溢出。

外部性和软预算约束成本的控制使得综合成本迅速变小($C < C(\lambda_1)$),国有企业的努力程度和实际收入得到极大的改善,并因为外部性引起了总体经济的增长溢出。不断的经济增长又导致政府收益的增加,从而保证了赶超战略的持续性,总体经济也进入了V^{NES}阶段。从经济发展速度看,1952—1978年年均GDP增长率达到6.5%,超越世界同期经济发展水平(美国4.3%,日本6.7%)。从主要工业产品的产量来看:从1949年到1976年,钢产量、发电量分别增长了104倍和50倍;原油和原煤产量分别提高了745倍和15倍,原油产量从1949年的12万吨发展到1976年的8716

万吨，原煤产量从1949年的3200万吨发展到1976年的4.83亿吨；汽车产量的提高更是难以想象，提高了1352倍（赵德馨，2003）。大规模的投资和工业化建设在实现经济收敛和改善中国产业结构的同时，还收到了意想不到的结果：缩小了区域间差距，改善了生产力布局。计划经济时期工业发展的巨大成就为1978年以来30多年的快速经济发展奠定了坚实的基础，并进一步创造了极为重要的物质条件（冯涛、李英东，2009）。

6.3.3 改革开放后（1978年至今）的高速增长阶段：比较优势战略、民营企业和中性政府[①]

由于政府对经济环境的信息不完全和政府—国有企业经理人的信息不对称，缺乏微观自主权的国有企业生产模式虽然在短期内可以避免软预算约束，但从长期看却会呈现出递增的趋势[②]。随着重工业外部性的日益减弱，一旦弥补外部性所产生的收益被软预算约束成本所抵消，国有企业的低效率便会出现[③]，同时会给政府造成严重的财政负担，给宏观经济带来增长拖累，于是赶超战略变得不可持续，并与“增长共识”发生冲突，而实现与自身要素禀赋结构相一致的比较优势战略将成为摆脱国有企业低效、实现持续经济增长的唯一选择。比较优势战略下产权安排的效率主要体现在三个方面。

（1）新“三位一体”的政策安排（宏观经济政策的矫正，资源的市场配置制度和民营企业）和软预算约束成本的控制。

比较优势战略要求企业自主地选择并进入与自身要素禀赋相一致的行业，于是民营企业出现并选择进入具有比较优势的劳动密集型产业中，这大幅降低了赶超战略下的软预算约束成本。除此之外，在扭曲的宏观政策环

① 分权化改革的内在逻辑也是实现以GDP为指标的晋升激励，促进市场化的深入，并最终实现经济增长，这与我们的逻辑框架有所重合，故本书未进行单独分析。

② 主要表现在：“三位一体”的制度安排虽然完成了相对封闭的从生产到消费的全过程，但随着产品种类数的日益增加，政府的指令计划所要考虑的协调成本将与日俱增，而这又会因为寻租行为变得更为严重。由于外部性的收益和代理成本此消彼长，财政补贴不仅没能产生对总体经济的增长溢出，还会因为国有企业的低效率产生增长拖累。

③ 例如，平新乔、范瑛和郝朝艳（2003）便利用“2002年国有企业改制调查”中的激励工资数据，对中国国有企业的代理成本结果进行了估计，结果发现，代理成本的存在使国有企业的效率只达到了潜在效率的30%～40%。

境和高度集中的资源计划配置制度下，民营企业是无法生存的。为此，政府首先放开了产品价格，允许由市场决定价格①，这一定程度上改善了以压低要素价格为主要特征的宏观政策环境。政府还引入"双轨制"，成功地实现了从计划经济向市场经济的转轨，市场交易的基本规则得以制定和维护，确保了民营企业在公平竞争的市场经济环境中获得自生能力，其努力程度和实际收入水平提高，并成为实现改革开放30年来快速经济增长奇迹的重要力量（林毅夫等，1994）。

（2）中性政府②、产权改革和软预算约束成本的控制。

由上所述，赶超战略的负效应（与日俱增的财政负担和软预算约束成本③）将随着重工业外溢性的逐步下降而日益凸显。为了摆脱国有企业的低效率，政府通过"抓大放小"的政策大幅削减对国有企业的补贴，进一步开启以实现现代公司治理结构（政企分开、权责明确、产权清晰和管理科学）为主要内容的产权改革，有效控制国有企业的软预算约束成本，并进一步提升国有企业的效率，具体如图6－5所示。

如图6－5所示，1998—2010年，除了企业单位数以外，国有及国有控股的大部分指标均经历了较大幅度的增长。其中，企业单位数从64737家变为213130家，工业总产值从33621.04亿元提高至185861.02亿元；除此之外，总资产、主营业务收入和利润总额等指标均有较大幅度的增长，国有企业的绩效实现了大幅度的提高。

（3）比较优势战略下民营经济的增长溢出。

---

① 放开要素市场准入、实现要素价格的市场化也引起了激烈的讨论，相信会随着市场化进程的深入而逐步实现。

② 中性政府指的是：a. 政府对待社会各个集团采取不偏不倚的态度，不和任何一个集团结盟；b. 政府追求的是整个社会的经济增长而不是增加它所代表或与之相结盟的特定集团的利益（姚洋、郑东雅，2011）。在本书的逻辑框架中，"比较优势"战略下的政府既不对国有企业进行补贴，也不对民营企业进行补贴，满足中性政府的第一个条件；同时，政府为了促进持续的经济增长实现了从"赶超"战略向"比较优势"战略的转变，满足中性政府的第二个条件。

③ 据张杰（1998）的估计，政府给予国有企业的金融补贴在1985—1996年占GDP的比重达到了9.7%，其峰值在1993年高达18.81%。于是，在国有企业道德风险和经营绩效低下的情况下，银行向国有企业的贷款最终形成了大量的呆坏账。由于政府或人民成为这些坏账的最终埋单者，"准财政赤字"便成为一种必然（樊纲，2000）。另外，对国有企业的补贴虽然显著地改善了国有企业的财务报表，但国有企业的效率却没有从根本上得到改善，大量廉价租金的获取反而使国有企业产生了较为严重的道德风险和逆向选择问题，其经营风险也开始逐渐向金融领域转嫁，并在国有银行内部形成巨额不良资产，即增长拖累（卢文鹏，2002）。

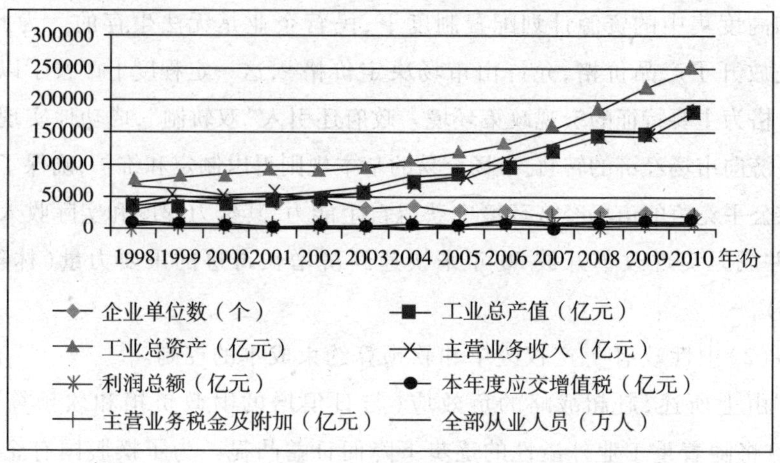

图 6－5　1998—2010 年国有及国有控股工业企业主要指标

资料来源：根据中国统计年鉴(2011)整理。

随着重工业外溢性的逐渐下降和软预算约束成本的有效控制，综合成本进一步减小，社会总收入和经济增长率迅速提高，政府也从快速的经济增长中获益良多，即进入 V^{ENS} 阶段，并逐渐向 V^{NN} 阶段靠近。于是，上述经济政策的系统转变使得我国年均 GDP 增速达到 9.7%，远远超过世界同期经济增长速度；经济波动幅度明显下降，反映波动幅度的标准差从改革开放前的 10.5% 下降到 2004 年的 2.9%，经济发展实现了从"大起大落""高位收敛"的转变(刘树成，2006)；人民生活水平大幅度提高，基本结束了"凭票供应"的时代，消费品的种类和质量大幅提高，人均收入水平提高了近 30 倍，从而不折不扣地实现了经济增长的"奇迹"(林毅夫等，1994)。

综上所述，我们认为，市场化改革、分权改革及产权改革固然可以解释改革开放以来经济发展的奇迹，却不能对近代以来经济增长为什么停滞、赶超战略的合理性和发展战略转变的内生机制给出令人满意的回答。于是，任何单纯强调某一方面的改革对长期经济增长的意义，其合理性都是值得商榷的。本章从发展战略、产权结构和政府最优行为三个方面对近代以来的经济增长轨迹进行了解读，并对上述三个问题进行了尝试性的回答，我们强调通过以上三个方面系统、动态地看待长期经济增长的原因。

6.4 结论

本章首先通过外部性对国有企业的增长拖累模型进行了扩展,探讨了国有企业的动态效率。我们发现:脱离具体的经济和制度环境,抽象地讨论国有企业的低效率和增长拖累,其合理性是值得商榷的。国有企业不仅存在着低效率和增长拖累,还存在着高效率和增长溢出。在此基础上,本章对发展战略进行了定义:“发展战略就是一整套的政策制度安排,其目的是最小化外部性和软预算约束所产生的综合成本。”通过对以往文献的梳理,本章认为:在经济和制度环境不断演变的前提下,通过不同的发展战略来具体考察产权结构的绩效应该成为理解近代以来长期经济增长轨迹的方法论基础。同时,发展战略还需要满足政府的最优决策。那么,我们便可以从发展战略、产权结构和政府最优行为三个方面对近代以来的经济增长轨迹进行解读。

由此,本章可以对我们所提出的三个问题进行解答:近代的增长停滞归因于错误的发展战略、产权安排的低效和政府的机会主义;赶超战略的合理性在于“三位一体”的制度安排可以对国有企业的外溢性进行补贴,并实现重工业的增长溢出;发展战略转变的内生机制在于一旦弥补外部性所产生的收益被软预算约束所抵消,赶超战略将产生国有企业的低效率、增长拖累和较为沉重的财政负担。那么,无论是基于政府收益还是从社会收益最大化方面来考虑,实现赶超战略向比较优势战略的转变都变得刻不容缓。

通过对近代以来经济增长轨迹的解读,本章还发现,当外部性成为效率损失的主要来源时,政府对国有企业的补贴是必要的,那么中性政府只是实现长期经济增长的充分而非必要条件。这就意味着:厘清不同经济发展阶段所依赖的经济和制度环境,并据此设计合适的发展战略,根据系统的观点把握和应对现阶段所产生的种种问题,才是我们跨越中等收入陷阱、实现经济强国目标的必经之路。

7 发展战略、产权结构与中等收入陷阱：以知识产权保护结构为例[①]

7.1 引言

内生增长理论证明：高效率的市场体系、较高的人力资本水平，以及在此基础上的知识积累和创新是实现长期经济增长的重要条件（Romer，1990；Grossman & Helpman，1991；Aghion & Howitt，1992）。然而由于知识积累和创新公共产品的属性，严格的知识产权保护备受瞩目。由于新兴市场国家与成熟市场经济国家在比较优势方面的巨大差异，其在是否执行严格的知识产权保护政策时显得慎之又慎。林毅夫、张鹏飞（2005）认为，与成熟市场经济国家相比，新兴市场国家的资本较为稀缺，劳动较为充裕，且远离世界技术前沿，因而进行知识积累和创新的成本较高，那么依靠后发比较优势进行模仿创新无疑将会获得更加快速和可持续的经济增长，而严格的知识产权保护由于不利于进行模仿创新的性质将妨碍经济增长。

于是我们看到，尽管大多数新兴市场国家并未采取严格的知识产权保护制度，但它们通过采取更加开放的政策逐渐融入世界市场。新兴市场国家通过对发达国家的有效模仿，广泛地吸收了来自发达国家的技术溢出，并实现了一定的经济增长。Helpman（1993）在其经典论文中，通过构建一个南北双方的动态一般均衡产品周期模型，说明南方国家严格的知识产权保护水平将阻碍其技术创新和进一步的经济增长。新兴市场国家模仿创新促进

---

① 本章内容以《知识产权保护、剩余索取权和长期经济增长》为题发表于《产业经济评论》2013年第2期。

经济增长的内生机制包括：①代工企业免费获得发包商的产品设计以及能够提高或改善生产工艺过程的技术支持或转移（Evenson & Westphal，1995；Yang & Maskus，2001；Keller et al.，2009）；②发包商委派成熟的技术人员到代工企业的生产流水线上进行指导（Rhee et al.，1984；Hoekman et al.，1995）；③发包商通过技术转让、关键设备转让和专利授权等方式协助代工企业提升自身生产工艺与产品设计能力（Feenstra & Hamilton，2006；刘志彪和张杰，2007）。实证方面的结论（Schneider，2005；Falvey et al.，2006）也证实：与成熟市场经济国家相比，新兴市场国家的知识产权保护水平较低，对经济增长的促进作用不太显著。代中强（2010）也认为，中国过去 30 年的经济增长主要依靠基于后发比较优势的模仿创新的带动。

随着新兴市场国家的技术水平逐渐接近世界技术前沿，基于后发比较优势及模仿创新所能实现的经济增长将逐渐递减，而基于研发投资的自主创新又未能很快地成长起来，于是在经历了令人欢欣鼓舞的快速增长之后，模仿创新的新兴市场国家便不可避免地陷入了增长停滞——中等收入陷阱，而成功跨越中等收入陷阱的国家和地区（韩国、中国台湾等）则实现了向自主创新的转变（Gill & Kharas，2008）。理论上，Model 和 Gupta（2006）、Branstetter 等（2007）在 Helpman（1993）南北双方动态一般均衡的基础上对知识存量、模仿成本及 FDI 等因素进行了重新假设，使其更加符合实际，得出研究结论：当南方国家的模仿率处于一个合适的水平时，南方国家严格的知识产权保护将有利于南北双方福利的增进。Kaplinsky（2000，2001）的研究结论表明，发达国家的技术转移迫使发展中国家内部或发展中国家之间的代工企业为了获得代工机会展开低成本竞争，从而导致新兴市场国家陷入全球化价值链“低端化竞争”和“贫困化增长”的双重发展困境。Humphrey 和 Schmitz（2004）、Schmitz（2004）以及 Gereffi（2004）等认为，发达国家的外包技术转移虽然有助于新兴市场国家实现以要素规模扩张和成本降低型生产效率提升为主的全球化低端价值链升级过程，却难以帮助新兴市场国家培育以自主创新能力为主的全球价值链高端升级过程，长期通过模仿创新的方式实现技术创新有可能导致新兴市场国家“锁定”或“俘获”全球价值链的低端发展路径。

很显然，对于知识产权保护在经济发展中的作用，现有文献还无法得出令人信服的结论：强调后发比较优势以及模仿创新的结论认为严格的知识产权保护并非十分必要;强调创新“锁定”或“俘获”的结论则坚持严格知识产权保护的重要性。一个更加客观的推论是:知识产权保护与经济增长可能存在着非线性关系。这种非线性关系也得到了理论和经验方面的证实。理论上,Chuang(1998)通过引入不对称的贸易引致的学习溢出效应来解释新兴市场国家的发展成就。他认为:当新兴市场国家与发达国家的技术水平差异非常大时,模糊的知识产权保护水平有助于加强学习溢出效应的形成,并进一步实现更快的技术进步和经济增长;但随着新兴市场国家的技术水平向前沿技术水平靠拢,学习溢出效应将逐渐转弱,最终造成新兴市场国家的增加趋缓或增长停滞,此时严格的知识产权保护和在此基础上的创新便显得尤为重要。庄子银(2009)将“模仿创新”分为水平创新和垂直创新两类,并在此基础上拓展了 Helpman(1993)的南北双方产品周期模型,其研究认为严格的知识产权保护是否有利于南北双方福利的增进关键取决于模仿创新的类型和市场结构,适度的产权保护只有在水平创新的垄断竞争市场结构中才能发挥作用。张杰、李勇和刘志彪(2010)将发展中国家的创新活动分为高模仿类型和低模仿类型,通过构建三阶段的 Stackblerg 模型,他们谨慎地提出,严格的知识产权保护对经济增长的促进作用只有在低模仿类型的创新水平时才会出现。从经验研究结果来说,Thompson 和 Rushing(1999)利用 112 个国家 1970—1985 年的研究数据证明:知识产权保护对经济增长的促进作用存在着临界值。高于临界值水平的国家,其知识产权保护与经济增长呈现正相关关系,低于临界值水平的国家则相反。

上述关于非线性关系的讨论无疑为我们提供了很好的方法论意义,它将模仿、创新以及市场结构的类型进行了细分,进一步改变研究假设,使研究结论更加合理,但上述文献更像是对事实的描述,既不能告诉我们曾经做对了什么,也告诉不了我们未来应该如何做。例如,庄子银(2009),张杰、李勇和刘志彪(2010)对模仿、创新以及市场结构等进行了细分并得出非线性关系,但在信息不完全的现实世界中,政策制定者或微观决策者很难知晓哪些市场是垄断竞争市场、哪些市场处于完全竞争市场,哪些模仿活动属于低模仿类型、哪些模仿活动属于高模仿类型。即使可以知道,其成本也是难以估量的。[①] 另外,

① 这还未考虑模仿类型以及市场结构的转变,如果考虑这两方面的因素,我们会显得更加无所适从。

Thompson 和 Rushing(1999)的经验研究结果认为,非线性关系的成立取决于某一临界值。但临界值水平又是什么呢？基于上述缺陷,我们在市场不断深化的前提下,将一个企业结构内生于 Sun 和 Lio(1996)的分工模型中,借此说明在经济发展的不同阶段知识产权保护与经济增长之间的非线性关系。在这个分工模型中,我们通过投资产品种类数的增加来说明新技术及新产品的出现,并将投资品(创新)的生产分为两类:模仿创新投资品和自主创新投资品。与模仿创新投资品相比,自主创新投资品的机会成本更高,且需要投资品生产者付出更多的努力。但投资品(创新)的公共产品属性使其面临机会主义。借鉴知识产权保护的相关定义,本章将模糊知识产权保护定义为消费品生产者掌握剩余索取权,并雇佣投资品生产者进行生产的企业结构;将严格知识产权保护定义为投资品生产者掌握剩余索取权,并雇佣消费品生产者进行生产的企业结构。于是,我们绕过了模仿、创新及市场结构类型的静态分析,通过知识产权结构(剩余索取权)的变化证明市场化程度的差异决定了以何种创新方式促进经济增长,进一步间接决定了知识产权保护水平,同时这个结论还有助于解答知识产权保护与中等收入陷阱之间的关系以及非线性关系赖以成立的临界值条件到底是什么。

本章的边际贡献在于:①区分了两种创新结构,并通过剩余索取权的不同讨论了知识产权保护与经济增长之间的非线性关系;②利用面板门限回归模型进行了实证检验。

7.2 理论模型

现代增长理论认为,知识积累和创新是实现持续经济增长的重要条件。然而将创新内生于研究与开发投入等因素的理论框架却忽视了分工网络以及市场化水平等制度条件。更加现实的情况是:在市场化水平较低时,即使某些新技术被发明出来,也会因为无法商业化导致其应用受限和进一步的创新动力不足。很显然,知识产权保护以及在此基础上的创新取决于分工网络的大小和相关的市场容量。于是,相较于内生增长理论,考虑不同分工水平下知识产权保护、创新对经济增长关系的分工理论无疑更具解释力。我们在区分自主创新投资品与模仿创新投资品差异的基础上,将一个企业结构内生于 Sun 和 Lio(1996)的模型中说明不同经济发展阶段知识产权保护、创新对经济增长的非线性关系。在这个企业结构中，自主创新投资品相较于“模仿创新”投资品，具有更高的机会成本，且需要投资品生产者付出更多的努力，但由于投资品公共产品的属性，投资品的生产面临机会主义。

7.2.1 模型初始环境描述

假设存在一个有 M 个完全事前相同的消费者—生产者经济，M 是一个连续统。在这个连续统中，每个生产者—消费者有如下的迂回生产体系：

$$\mathrm{Max}U = \mathrm{en}(y + ky^d)\text{（效用函数）} \tag{7.1}$$

$$s.t.\ y^p \equiv y + y^s = e^{-cm}V^\beta l_y^\alpha\text{（消费品生产函数）}$$

$$\text{其中，} V = \left[\sum_{i=1}^{m}(x_i + t_i x_i^d)^\rho\right]^{\frac{1}{\rho}},\ \alpha + \beta = 1,\ \alpha,\beta,\rho,k \in (0,1) \tag{7.2}$$

$$x_i^p \equiv x_i + x_i^s = (l_i - f_i)^b\text{（投资品生产函数）} \tag{7.3}$$

$$l_y + \sum_{i=1}^{m}(l_{xi} + \lambda_i + h_i) = 1\text{（禀赋约束）} \tag{7.4}$$

$$y^d + \sum_{i=1}^{m}p_i x_i^d = y^s + \sum_{i=1}^{m}p_i x_i^s\text{（预算约束）} \tag{7.5}$$

$$U_i^H \geqslant U_i^L,\ U_i \geqslant 0\text{（激励相容和参与约束），其中，} i = NP,YP \tag{7.6}$$

上列各式中，y、y^d、y^s、x_i、x_i^d、x_i^s 分别是消费品 y 和 m 种投资品（x_i，$i = 1,2,\cdots,m$）的自给量、消费量和供给量。e^{-cm} 从消费品产出损失的观点来看是 m 种投资品的管理费用，V 是 m 种投资品的 CES 函数，保证了 $\alpha + \beta = 1$ 前提下 y 的全要素生产率仍然随着投资品种类数的增加而增加，表明投资品“规模经济”存在的可能性。k、t_i 分别是消费品和 m 种投资品市场的交易效率。l_{xi}、l_y 分别是消费品和 m 种投资品的劳动时间，f_i 是 m 种投资品的机会成本系数，p_i 为以消费品表示的 m 种投资品的实际价格。t_i、f_i 分别是随机变量，满足：

如果 $\lambda_i \geqslant a_i$，那么，$f_i = \begin{cases} f_{iH}，以概率\ \varepsilon \\ f_{iL}，以概率\ 1-\varepsilon \end{cases}$，如果 $\lambda_i < a_i$，那么 $f = f_{iL}$；

如果 $h_i \geqslant d_i$，那么，$t_i = \begin{cases} t_{iH}，以概率\ \delta \\ t_{iL}，以概率\ 1-\delta \end{cases}$，如果 $h_i < d_i$，那么 $t = t_{iL}$。

笔者认为，投资品的生产包括两种类型：模仿创新投资品和自主创新投资品。与模仿创新投资品相比，自主创新投资品的机会成本更高，且其收益面临更大的不确定性，这构成了自主创新投资品生产的不确定性（信息不完全），需要投资品生产者付出更高的努力，但由于企业结构（剩余索取权）的差异，可能导致自主创新投资品的生产面临机会主义。λ_i、h_i 分别是每个微观经济决策在进行自主创新投资品生产时所耗费的劳动时间（努力程度），a_i、d_i 分别是介于0和1之间的参数，ε、$\rho \in (0,1)$，且满足 $0 < (f_{iL}, t_{iL})^T < (f_{iH}, t_{iH})^T < 1$。

7.2.2 模型求解

根据文定理和建立企业的可能性，笔者将考虑投资品已经出现并进入市场交易的两种结构：模糊知识产权保护结构（NP）与严格知识产权保护结构（YP）。为了表示的方便，我们令 $1-f=(1-f_H)^{\varepsilon}(1-f_L)^{1-\varepsilon}$，$t=t_H^{\delta}t_L^{1-\delta}$。

7.2.2.1 模糊知识产权保护结构

在模糊知识产权保护结构（NP）[①]中，人口在职业模式 y/l_{xi} 和 l_{xi}/y 之间划分，选择 y/l_{xi} 的消费品生产者占有剩余索取权，自给 $s=m-n$ 种投资品，并雇佣投资品生产者在企业内生产 n 种投资品，进一步生产和出售消费品 y；选择 l_{xi}/y 的投资品生产者被雇用来生产 n 种投资品，并购买消费品 y。但在模糊知识产权保护结构中，消费品生产者掌握了剩余索取权并雇用投资品生产者进行生产，于是消费品生产者与投资品生产者的信息不对称使得自主创新投资品的生产面临机会主义，那么低努力水平且机会成本较低的模仿创新投资品生产（$\lambda_i=0$，$h_i=0$）将成为纳什均衡（参与约束不满足）[②]。鉴于模仿创新较小的外部性和机会成本，不那么严格的知识产权保护结构——模糊知识产权保护结构成为次优选择。利用局部最优条件、效用均等化定理（$U_x=U_y$）及市场出清定理（$M_x y^d=M_y y^s$），可以分别解得 NP^{SB} 的投资品种类数、均衡价格和均衡效用，具体如下[③]：

---

① 模糊知识产权保护结构中更为复杂的情况可能是：消费品生产者将一部分剩余索取权转让给投资品生产者，且随着技术外溢的减小，其转让份额逐渐增大。但为了简便，本书在不改变核心研究结论的前提下尚未考虑上述问题。

② 基于本书的研究主题，为了求解方便，我们假设模仿创新投资品生产的机会成本较低，其努力水平为0，自主创新投资品生产的机会成本较高，且努力水平为 MAR^* 和 $MAR \in (0, MAR^*)$。

③ 博弈均衡解的具体实现过程见附录B。

$$m_{NP}^{SB} = \frac{\beta(1-\rho)}{c\rho} - [\frac{\rho(b-1)}{(1-b\rho)(1-f_L)}]s,$$

$$且 f(s) = [\frac{1-\beta}{c\rho} + \frac{s}{1-b\rho}][\frac{cb\rho}{\alpha(1-b\rho)(1-f_L)+cbs\rho}]^{b} - k^2 = 0 \tag{7.7}$$

$$p_{iNP}^{SB} = p_{NP}^{SB} = e^{-cm}t_L^{b\beta}[1+\frac{cb\rho s}{\alpha(1-b\rho)(1-f_L)}]^{\alpha(b-1)}[\frac{\alpha(1-b\rho)(1-f_L)}{cb\rho}]^{b\alpha} \times [\frac{\beta(1-b\rho)(1-f_L)}{c\rho}]^{\beta/\rho}(\frac{c\rho}{1-\rho})(\frac{1-b\rho}{1-\rho})^{1/\rho} \tag{7.8}$$

$$U_{NP}^{SB} = \text{en}kp_{NP}^{SB} \tag{7.9}$$

另外，运用 $f(s)=0$ 成立的条件可以证明：$dm_{NP}^{SB}/dk > 0$，$dn_{NP}^{SB}/dk > 0$，$ds_{NP}^{SB} = d(m_{NP}^{SB} - n_{NP}^{SB})/dk < 0$，$dU_{NP}^{SB}/dk > 0$。这就意味着，随着交易效率的演进，投资品种类数以及卷入交易中的投资品种类数将逐渐增加，而且可交易的投资品种类数增加的速度要快于自给的投资品种类数。由于消费品和投资品交易市场的出现，NP 的人均收入有所提升。于是，随着交易效率的改进，部分投资品进入分工的模式将逐渐向所有投资品进入分工的模式转变。

7.2.2.2 严格知识产权保护结构

在模糊知识产权保护结构（NP）中，人口在职业模式（l_y/x_i）和（x_i/l_y）之间划分。选择（l_y/x_i）的消费品生产者被第 i 个投资品生产者雇佣，利用投资品生产消费品 y；选择（x_i/l_y）的投资品生产者雇佣消费品生产者，利用他的 x_i 生产消费品，并购买消费品。此时，自主创新投资品和模仿创新投资品的生产全部进入分工模式。与模仿创新投资品相比，自主创新投资品的生产需要更高的努力程度和克服更高的机会成本。于是，自主创新投资品生产者掌握剩余索取权并雇用消费品生产者进行生产的严格知识产权保护结构（YP）出现。另外，一旦自主创新投资品生产出来，它将因为更大的规模经济和更高的人均收入水平而成为新的纳什均衡（激励相容约束）。那么，在明确了投资品生产的策略选择后，重复 NP 的求解方式，可以解得 YP^{SB} 结构下的投资品种类数、均衡价格和均衡效用。

此时，投资品生产者掌握了剩余索取权，将选择高努力水平和机会成本较高的自主创新投资品进行生产，YP^{H}（$\lambda_i = a_i$，$h_i = c_i$）模式得以选择，于是

$$m_{YP}^{SB} = \frac{\beta(1-\rho)(1-a-d)(1-f)}{c\rho} \tag{7.10}$$

$$p_{YP}^{SB} = t^{2\beta-1}e^{-cm}\beta^{\beta/\rho}\left[\frac{c\rho}{\beta(1-\rho)(1-f)(1-a-d)}\right]^{\beta}$$

$$\left[\frac{\beta(1-\rho)}{c\rho(1-f)(1-a-d)}\right]^{\beta/\rho}(1-a-d)^{\alpha} \tag{7.11}$$

$$U_{YP}^{SB} = U_{YP}^{H} = (1-b\beta)\mathrm{en}k + \mathrm{en}p_{YP}^{SB} \tag{7.12}$$

进一步可以证明 $dm_{YP}^{SB}/d\beta > 0$，$dm_{YP}^{SB}/d\rho < 0$，$dm_{YP}^{SB}/dc < 0$，$dU_{YP}^{SB}/dk > 0$，表明投资品种类数随着专业化水平的提高而提高，随着管理成本和互补程度的提高而降低；而交易效率则与较高的人均收入水平相联系。

7.2.3 一般均衡超边际分析

根据姚定理，进一步求解一般均衡结构，可以解得：

(1)当 $k < k_0$ 时，$U_{NP}^{SB} < U_{YP}^{SB}$；

(2)当 $k > k_0$ 时，$U_{YP}^{SB} > U_{NP}^{SB}$；

其中，$k_0 = b\beta f(\varepsilon\ln\frac{1-f_H}{1-f_L},\delta\ln\frac{t_H}{t_L},\rho,c,s,a,d)$，且 $\frac{dk_0}{d[(1-f_H)/(1-f_L)]} > 0$，$\frac{dk_0}{d(t_H/t_L)} > 0$，$\frac{dk_0}{d\varepsilon} < 0$，$\frac{dk_0}{d\delta} < 0$。

这就意味着：自主创新投资品与模仿创新投资品的努力程度差距越大，通过模仿创新吸收自主创新技术外溢进一步促进经济增长的空间就越大，模糊知识产权结构下的模仿创新也就越难进入严格知识产权结构下的自主创新模式；投资品生产者选择自主创新的意愿越大，也就越容易进入严格知识产权结构下的自主创新模式。

于是可以发现：当交易效率或市场化程度较低（$k < k_0$）时，消费品生产者和投资品生产者的人均收入较低，投资品的生产远离技术前沿，通过模仿创新促进经济增长的空间还较大，那么有利于模仿创新投资品生产的模糊知识产权保护结构将成为一种次优选择。自主创新投资品生产较高的机会成本以及机会主义，导致在模糊产权结构下该类投资品不被生产，即自主创新动力不足。随着交易效率的演进和市场化程度的提高，模仿创新投资品生产将逐渐接近技术前沿，促进经济增长的作用也因为技术外溢的缩小而呈现出边际递减规律，如果继续执着地专注于模仿创新投资品的生产，其增

长将有可能趋缓乃至下降(中等收入陷阱)。

当交易效率继续演进并超过相应的临界点($k > k_0$)后,投资品生产者的人均收入会进一步提高,模仿创新投资品和自主创新投资品均有可能被卷入分工体系中。但自主创新投资品需要避免相应的机会主义以及较高的机会成本,于是将剩余索取权赋予投资品生产者,严格的知识产权保护水平将有利于摆脱中等收入陷阱,并实现持续的经济增长。

基于上述分析,我们提出以下命题:

命题 1:当交易效率较低时,投资品的生产远离世界技术前沿,通过模仿创新吸收广泛的技术外溢促进经济增长的空间较大,于是有利于模仿创新投资品生产的模糊知识产权保护制度将成为一种次优选择,并实现一定的经济增长;但随着交易效率的改进和市场化的深入,模仿创新促进经济增长的作用逐渐下降,自主创新成为实现经济增长的主要方式,那么有利于自主创新投资品生产的严格知识产权保护制度将成为新的次优选择,并实现长期的经济增长。

7.3 实证检验

综上所述,本章得出结论,严格知识产权保护对经济增长的促进作用需要以较高的交易效率为研究前提。在交易效率较低、分工经济尚未充分展开的经济发展早期阶段,有利于模仿创新投资品生产的模糊知识产权保护制度通过广泛吸收先进国家的技术溢出,可以实现较为合意的经济增长;然而随着交易效率的演进和分工经济的深化,实现有利于自主创新投资品生产的严格知识产权保护制度的转变将显得尤为必要。于是我们得出了知识产权保护与经济增长之间的非线性关系,那么利用面板门限回归模型进行实证检验便显得顺理成章。由于数据来源的限制,本章选取了 1970—2005 年每 5 年的 120 个国家的非平衡面板数据对上述命题进行验证,变量定义和具体计算方法见表 7 -1。

7.3.1 变量定义和数据来源

表 7－1 变量定义和具体计算方法

<table>
<tr><th>变量性质</th><th colspan="2">变量名称</th><th colspan="2">变量含义</th><th colspan="2">具体计算方法</th></tr>
<tr><td>被解释变量</td><td colspan="2">DGDP</td><td colspan="2">实际经济增长率</td><td colspan="2">对一国国内生产总值(GDP)取对数</td></tr>
<tr><td rowspan="3">核心解释变量</td><td colspan="2">IPR</td><td colspan="2">知识保护产权</td><td colspan="2">对 Ginarte 和 Park(1997)、Park(2008)计算出的指标进行MIN－MAX 转化</td></tr>
<tr><td colspan="2">MC</td><td colspan="2">模仿创新</td><td colspan="2">人力资本以及相对技术水平的交互项</td></tr>
<tr><td colspan="2">ZC</td><td colspan="2">自主创新</td><td colspan="2">一国拥有的美国专利商标局(USPTO)授权的国际专利数的增长率</td></tr>
<tr><td rowspan="6">门限变量</td><td rowspan="6">TE</td><td>TR</td><td rowspan="6">交易效率</td><td>交通交易效率</td><td rowspan="6">6 种市场交易效率的简单平均</td><td>对每百万人人均铁路、公路里程数进行 MIN－MAX 转化</td></tr>
<tr><td>IN</td><td>信息交易效率</td><td>对每千人拥有的电话数、电报数、移动电话数等 5 个指标进行MIN－MAX 转化,然后进行简单平均</td></tr>
<tr><td>EDU</td><td>教育交易效率</td><td>对公共教育支出占 GDP 的比重进行 MIN－MAX 转化</td></tr>
<tr><td>MAR</td><td>市场交易效率</td><td>对开办企业所需时间和强制履行合同的时间等 4 个指标进行MIN－MAX 转化,然后进行简单平均</td></tr>
<tr><td>CRE</td><td>信用交易效率</td><td>对复合的 ICRG 风险评级和机构投资者信用评级两个指标进行MIN－MAX 转化,然后进行简单平均</td></tr>
<tr><td>LOA</td><td>信贷交易效率</td><td>对私人部分国内信贷占 GDP 的比重进行 MIN－MAX 转化</td></tr>
<tr><td rowspan="5">控制变量</td><td colspan="2">FDI</td><td colspan="2">外商直接投资</td><td colspan="2">一国外商直接投资额/一国国内生产总值</td></tr>
<tr><td colspan="2">FREE</td><td colspan="2">经济自由化</td><td colspan="2">对经济自由化指数进行 MIN－MAX 转化</td></tr>
<tr><td colspan="2">OPEN</td><td colspan="2">贸易开放度</td><td colspan="2">一国地区进出口总额/一国国内生产总值</td></tr>
<tr><td colspan="2">POP</td><td colspan="2">人口</td><td colspan="2">对一国总人口数取对数</td></tr>
<tr><td colspan="2">INV</td><td colspan="2">投资</td><td colspan="2">一国固定资本投资/一国国内生产总值</td></tr>
</table>

本章选取实际经济增长率(DGDP)作为模型的被解释变量。核心解释变量中,我们考察了知识产权保护、模仿创新和自主创新对长期经济增长的

影响。为了验证核心解释变量与长期经济增长之间的非线性关系,我们以交易效率为门限变量,考察上述变量的门限效应。为了控制其他影响长期经济增长的重要因素,借鉴经验研究文献的做法,本章分别选取了外商直接投资(FDI)、经济自由化(FREE)、贸易开放度(OPEN)、人口(POP)和投资(INV)作为模型的控制变量。上述数据中,实际经济增长率、投资和贸易开放度均来源于 PWT 7.0①,交易效率的原始数据来源于 WDI(2011),知识产权保护(IPR)的原始数据来源于 Ginarte 和 Park(1997)、Park(2008)。模仿创新(MC)的数据中,我们借鉴 Nelson 和 Phelps(1966)、Benhabib 和 Spiegel(1994)的研究思路,选择人力资本和相对技术水平的交叉项作为替代变量。其中,人力资本的原始数据来源于 HDI(2011),相对技术水平用一国人均 GDP 与美国人均 GDP 的比值衡量,自主创新(ZC)的原始数据来源于美国专利商标局网站,经济自由化(FREE)的原始数据来源于世界经济自由年报(2011)。变量的描述性统计结果见表 7－2。

表 7－2　变量的描述性统计结果

变量名称	均值	标准差	最大值	最小值
DGDP	0.0274	0.1823	0.1286	－0.1956
IPR	0.3823	0.1927	0.8832	0.0438
MC	0.2192	0.2015	0.7123	0.0312
ZC	0.3324	0.1531	0.8721	0.0725
TE	0.2174	0.3029	0.9132	0.0212
FDI	0.1516	0.1029	0.3312	0.1273
FREE	0.3122	0.2172	0.6732	0.1322
OPEN	0.2218	0.1732	0.4123	0.1017
POP	0.1407	0.0712	0.2813	0.0892
INV	0.2088	0.1452	0.4607	0.0374

7.3.2　检验模型

面板门限回归模型是近年发展起来的非线性计量经济学模型,是对"分

① PWT 7.0 的数据以 2005 年为基期,利用 PPP 原则进行了调整,故可以直接使用。

组检验方法”的重要扩展。根据 Hansen(1996,1999,2000)的研究结果，本章提出以下存在一个门限的面板门限回归模型：

$$y_{it} = \mu_i + \theta_1 x_{it} I_i(q_i \leqslant \gamma) + \theta_2 x_{it} I_i(q_i > \gamma) + \sum_{j=1}^{n} \alpha_j Control_{jt} + e_{it} \tag{7.13}$$

其中，x_{it} 为解释变量，是一个 m 维的列向量；q_i 为门限变量，既可以是解释变量 x_{it} 中的一个回归元，也可以是独立于 x_{it} 的一个变量；γ 为门限值，将上述样本分为两组，$I_i(\gamma) = \{q_i \leqslant \gamma\}$ 为指示函数，当 $q_{1i} \leqslant \gamma$ 时，$I_i(\gamma) = 1$，否则为 0；$Control_{jt}$ 为控制变量；μ_i 为不可观测效应；θ_1 、θ_2 和 α_j 门限值 γ 分别为待估参数；e_{it} 为残差。

7.3.3 面板门限模型估计结果

在估计面板门限前，首先需要通过格子搜索法检验模型的门限效应是否存在。我们首先对计算出的交易效率数据进行升序排列，并根据 Hansen (2000)的建议忽略掉前后各约 10% 的观测值；然后选取不同的交易效率值作为门限值进行估计，并获取其残差；再利用残差平方和最小原则找到门限估计值，利用自助抽样法模拟似然比，检验统计量及其临界值（本章重复次数为 3000 次），以进一步检验是否存在门限效应。门限效应检验的具体结果见表 7－3。

表 7－3　交易效率（TE）的门限效应检验结果

门限变量	H_0	H_1	Wald F 统计量	LR 统计量	结论
交易效率（TE）	无门限效应	1 个门限	23.1247 (0.0083)	3.8127 (0.0001)	拒绝 H_0
	1 个门限	2 个门限	10.3028 (0.0315)	6.0438 (0.0102)	拒绝 H_0
	2 个门限	3 个门限	5.0321 (0.3012)	30.3423 (0.2061)	接受 H_0

注：括号内为 Boostrap 仿真得到的 P 值。

通过表 7－3 可以发现：交易效率（TE）搜索到的第 1 个门限值为 0.2431，它所对应的残差平方和（S_1 ＝104.38）达到最小，门限效应检验的 Wald F 统计量为 23.1247，P 值为 0.083，拒绝了无门限效应的原假设，然后进行似然比(LR)检验,LR 统计量为 3.8127,通过了 1% 的显著性水平检验,表明 $\hat{\gamma}_1 = 0.2431$ 的有效性。紧接着固定第 1 个门限值(0.2431),继续利用格子搜索法寻找第 2 个门限变量,得到相应的门限值 $\hat{\gamma}_2 = 0.4285$,它所对应的残差平方和($S_2 = 182.37$)达到最小;随后的门限效应检验统计量为 10.3028,*P* 值为 0.0315,拒绝只存在 1 个门限的假设,然后进行似然比检验,LR 统计量为 6.0438,相应的 *P* 值为 0.0102,表明第 2 个门限结果的真实性。继续搜索第 3 个门限值,搜索到的门限值为 0.6174,此时对应的 F 统计量为 5.0321,*P* 值为 0.3012,接受存在 2 个门限的原假设。于是,我们可以确定存在两个门限值,分别为 0.2431 和 0.4285。

在确立了相应的门限估计值后,本章建立了相应的面板门限方程,并利用 Mathlab 7.0 对模型进行估计,结果见表 7-4。

表 7-4　面板门限模型计量检验结果

解释变量		固定效应模型(DGDP)			随机效应模型(DGDP)		
		(1)	(2)	(3)	(1)	(2)	(3)
常数项		-0.2138*	0.3218*	0.2109**	-0.1217	0.2213*	0.1987**
IPR(TE)	(0,0.2431]	-0.0834*			-0.0317**		
	(0.2431,0.4285]	0.1062**			0.0834*		
	(0.4285,1]	0.2837**			0.1638***		
MC(TE)	(0,0.2431]		0.4728**			0.3024	
	(0.2431,0.4285]		0.1572*			0.1574*	
	(0.4285,1]		-0.1438***			-0.2178**	
ZC(TE)	(0,0.2431]			-0.1209**			-0.2917***
	(0.2431,0.4285]			0.0817*			0.1027
	(0.4285,1]			0.2638**			0.3198**
控制变量	FDI	0.1236*	0.2831**	0.0723**	0.1023*	0.0927	0.1176**
	FREE	0.0821**	0.0105*	0.1018**	0.0437*	0.0821	0.0517**
	OPEN	0.0913**	0.3321	0.1034***	0.0617*	0.1312**	0.1034
	POP	0.2109**	0.1574	0.1219*	0.1038	0.0421	0.0328*
	INV	0.1321**	0.1057***	0.1537**	0.1217**	0.2213	0.3216***
Adi-R^2		0.7127	0.6138	0.4213	0.3638	0.2174	0.1189

续表

解释变量	固定效应模型(DGDP)			随机效应模型(DGDP)		
	(1)	(2)	(3)	(1)	(2)	(3)
Hauseman Test				80.2381 * * *	58.3324 * *	60.0672 * *
F Test	35.2172 * * *	20.0617 * *	10.8319 *			
OBS	80	80	118	80	80	118
时间跨度	1970 - 2005	1980 - 2005	1980 - 2005	1970 - 2005	1980 - 2005	1980 - 2005
时间单位	5	5	1	5	5	1

注：* * *、* *、* 分别代表1%、5%和10%的显著性水平。由于数据来源的限制，IPR和MC选择了每5年的样本数据，ZC选择了年度数据；由于IPR和MC缺失的数据较多，故观测的样本数较ZC小。

根据表7-4的回归结果可以发现：Wald F检验统计量均通过了10%的显著性水平检验，说明面板门限回归模型存在明显的个体效应，那么混合回归(Pooled OLS)估计结果不太合适。Hauseman检验表明，个体固定效应(Fixed Effects)估计结果要优于个体随机效应(Random Effects)估计结果，因此本章选用门限固定效应模型。在个体固定效应模型的回归结果中，调整判定系数(Adi - R^2)为40% ~70%，表明模型的解释力度良好。从具体的回归结果来看，核心解释变量均存在着较为明显的门限效应。进一步分析，我们可以发现：

(1)当交易效率较低(小于0.2431)、市场化水平较低时，由于面临较为严重的机会成本和机会主义，自主创新对长期经济增长的影响为负(系数为-0.1209)；模仿创新则因为可以广泛吸收先进国家的技术外溢而面临较小的机会成本，对长期经济增长的影响为正(系数为0.4728)。于是，严格的知识产权保护将因为阻碍了模仿创新投资品的生产而对长期经济增长产生负面影响(系数为-0.0834)。

(2)随着交易效率的逐步演进和分工经济的展开，当交易效率处于(0.2431,0.4285)这一水平时，由于逐渐接近技术前沿，模仿创新促进长期经济增长的作用将逐渐递减(系数由0.4728变为0.1572)，进一步催生出对自主创新投资品生产的需求。与此同时，市场化水平的提高使自主创新投资品生产所面临的机会成本和机会主义有所减弱，从而导致自主创新对长期经济增长的作用由负转正(系数由-0.1209变为0.0817)。那么，严格知识产权保护将因为鼓励自主创新投资品的生产而对长期经济增长产生一定的积极作用(系数由 -0.0834 变为 0.1062)。

(3)随着交易效率的继续演进和分工经济的充分展开,当交易效率超过 0.4285 这一临界值水平时,模仿创新投资品生产所能吸收的技术外溢将逐渐趋于0。如果坚持传统的经济发展模式并且不做出知识产权保护制度的调整,将导致模仿创新对长期经济增长的作用由正转负(系数由 0.1572 变为 -0.1438)——中等收入陷阱。现代市场经济的建立(包括信息传递速度的加快,交通、法制及公司治理结构的改善等)使得自主创新投资品生产所面临的机会成本和机会主义逐渐趋于 0,并导致自主创新对长期经济增长的作用进一步提高(系数由 0.0817 变为 0.2837),那么严格知识产权保护对长期经济增长的正向作用将不难理解(系数由 0.1062 变为 0.2638)。

(4)控制变量的回归结果较为显著,并与大多数的理论和经验研究相一致(均为正)。具体机制本章不再详述。

7.3.4 稳健性检验

通过面板门限回归估计的结果,本章证实了严格知识产权保护与长期经济增长之间的非线性关系和具体发生的机制。但核心解释变量与长期经济增长之间的双向因果关系所引起的"内生性"问题可能导致模型估计结果的偏误。我们借鉴 Kremer(2011)的结论,利用 GMM 方法对式(7.13)重新进行估计。在进行面板门限 GMM 估计前,首先需要依据 Caner 和 Hansen(2004)所提出的研究方法,运用 TSLS 方法(以交易效率的滞后一期和二期为工具变量)搜索到门限值,具体结果见表 7-5。

表 7-5 交易效率(TE)的 TSLS 门限效应检验结果

门限变量	H_0	H_1	Wald F 统计量	LR 统计量	结论
交易效率(TE)	无门限效应	1 个门限	20.3327 (0.0102)	7.3128 (0.0327)	拒绝 H_0
	1 个门限	2 个门限	4.0324 (0.4133)	25.3427 (0.1844)	接受 H_0

表7－5的TSLS门限效应检验结果表明，模型只存在一个门限值0.3921，进一步的F检验和LR统计量也证实了只存在一个门限值的结论。在搜索到相应的门限值后，Kremer(2011)通过Arellano和Bover(1995)所提出的前向正交离差转换(forward orthogonal deviation transformation)来消除不可观测效应(μ_i)和内生性。基于内生机制变量的滞后项与内生解释变量不相关的研究前提，本章分别以内生解释变量(IPR、MC和ZC)的滞后一阶和二阶为工具变量对利用门限值进行分割的样本进行面板门限GMM估计，结果见表7－6。

表7－6 面板门限模型GMM估计结果

解释变量		固定效应模型(DGDP)			随机效应模型(DGDP)		
		(1)	(2)	(3)	(1)	(2)	(3)
常数项		0.1134*	-0.2517**	0.3619**	0.1099**	0.2519**	0.3312**
IPR(TE)	(0,0.3921]	-0.1147**			-0.1215*		
	(0.3921,1]	0.3514*			0.1067		
MC(TE)	(0,0.3921]		0.3326**			0.1198	
	(0.3921,1]		-0.2087*			-0.3325**	
ZC(TE)	(0,0.3921]			-0.2835*			-0.3127***
	(0.3921,1]			0.4174*			0.2015**
控制变量		显著	显著	显著	显著	显著	显著
Adi－R^2		0.4129	0.2034	0.2217	0.2218	0.1028	0.1176
Hauseman Test					50.3125***	32.4218***	10.0745**
F Test		23.9174**	18.7712**	10.1823*			
Sargan Test		1.3312	1.0538	0.9314	1.1543	1.8732	0.8721
OBS		80	80	118	80	80	118
时间跨度		1970—2005	1980—2005	1980—2005	1970—2005	1980—2005	1980—2005
时间单位		5	5	1	5	5	1

注：***、**、*分别代表1%、5%和10%的显著性水平。

为了消除模型内生性所引起的估计结果偏误，本章基于TSLS方法确定的门限值(0.3921)对式(7.13)重新进行估计，估计结果大部分显著，Sargan检验也说明了工具变量的有效性，但模型的解释力度有所下降。稳健性检验进一步证明了本章的结论:严格知识产权保护对长期经济增长的促进作用只有在交易效率较高时才成立。当交易效率较低时,模糊知识产权保护的安排因为有利于吸收技术外溢可以实现一定的经济增长。

7.4 结论性述评

长期以来,严格的知识产权保护因为有利于自主创新而一直被现代经济理论和发达国家所推崇。但现实情况却是:一些并未采取严格知识产权保护的新兴市场国家通过模仿创新同样实现了一定的经济增长。于是,新近的研究通过更为合理的假设和更加现实的描述证实了知识产权保护与长期经济增长的非线性关系。上述研究结论无疑为我们提供了很好的借鉴,但这些结论却使得对这个问题的讨论更加复杂,不仅未能告诉我们曾经做对了什么,也无法告诉我们未来应当如何做。

基于上述缺陷,本章在定义了两种投资品生产的类型(自主创新投资品生产和模仿创新投资品生产)后,通过剩余索取权的差异说明了模糊知识产权保护与严格知识产权保护对长期经济增长的不同作用。笔者认为:知识产权保护水平内生于经济发展程度之中。交易效率较低、分工经济尚未充分展开的经济发展早期阶段,由于远离世界技术前沿,有利于模仿创新投资品生产的模糊知识产权保护将通过广泛的吸收先进国家的技术外溢,进一步实现一定的经济增长;随着交易效率的演进和市场化水平的提高,新兴市场国家的技术水平将逐渐接近技术前沿,那么坚持传统的发展模式就有可能导致模仿创新的作用逐渐下降甚至为负(具体表现为自主创新动力不足和中等收入陷阱)。于是,实现向有利于自主创新投资品生产的严格知识产权保护制度的转变将对长期经济增长产生积极的作用。

上述结论意味着:市场化本身是导致知识产权保护制度与长期经济增长呈现非线性关系的根本原因。那么,判断一国经济发展所处的阶段,并采取合适的知识产权保护制度就成为实现长期经济增长的重要方式。而从长期来说,建立健全现代市场经济,并在市场化水平逐渐提高的前提下实现向严格知识产权保护制度的转变也显得同样必要。如果过分沉迷于曾经取得的辉煌而不做出必要的改变,自主创新动力不足和随之而来的中等收入陷阱将不可避免。

8 结　论

8.1 主要结论

本书对发展战略和产权结构效率的相关研究文献进行了回顾，论证了发展战略和产权结构的动态性，进一步从发展战略、产权结构和长期经济增长三个方面对近代以来的长期经济增长轨迹进行了解读，主要的研究结论如下：

(1)从微观效率来说，本书利用 Malmquist 生产率指数，在计算出不同所有制企业的全要素生产率后，发现改制后国有企业的全要素生产率已经有了明显的提高，且国有企业与非国有企业之间的全要素生产率已经没有明显的差异。另外，不同所有制企业效率的差异还和市场化水平密切相关。笔者发现：当市场化水平较低时，不同所有制企业的生产率差异会扩大；当市场化水平较高时，不同所有制企业生产率的差异会缩小。这就意味着：市场化对国有企业生产率的影响是动态的，在长期将有利于国有企业绩效的提高。那么，进一步深化改革，建立公平、公正和公开的市场竞争体系便成为缩小国有企业与非国有企业全要素生产率差异的重中之重。

(2)从宏观效率来说，国有企业的低效率需要以市场的高效率为基础。为了对上述假说进行论证，本书首先基于信息不完全的前提假设，从生产风险和交易风险两个方面对 Yang 和 Ng(1995)的企业交易效率演进模型进行了扩展，并提出国有企业低效率的临界交易效率条件：当交易效率较低时，生产风险成本较高，那么国有企业的产权安排将因为有利于节约生产风险成本而促进经济增长；反之，交易风险成本较高，民营企业将因为有利于节约交易风险成本而促进经济增长。其次，本书利用面板门限技术和1985—2009年的省级面板数据，验证了上述思想。这说明了谨慎看待国有企业双重效率损失（本身的低效率和进一步的增长拖累）的重要性，国有企业的低效率需要以市场（交易效率）的高效率为前提，即当存在市场失灵或缺失时，国有企业仍旧不失为一种有效率的产权结构。

（3）针对现实经济中的所有制歧视和金融压抑，我们论证了渐进的金融改革和市场化改革的重要性，同时从金融方面对国有企业的动态效率重新进行了解读。为此，我们继续借助生产风险和交易风险两个重要概念，发展了一个内生生产风险和交易风险的新兴古典投资—储蓄模型，进一步说明金融深化和产权改革之所以能促进经济增长，得益于不断推进的市场化改革和日益完善的资源配给制度。当市场缺失或失灵，生产风险成为效率损失的主要来源时，金融抑制和传统产权结构仍然有助于弥补私人投资不足，并实现次优的经济增长。同时，我们利用1997—2007年中国的省际面板数据对上述命题进行了验证，结论很好地验证了基本思想。

（4）基于发展战略和产权结构效率（微观效率和宏观效率两个方面）动态性的证明，笔者从发展战略、产权结构和最优政府行为三个方面对中国近代以来的长期经济增长轨迹进行了解读。笔者认为，脱离具体的经济和制度环境，抽象地讨论国有企业的低效率和增长拖累，其合理性是值得商榷的，而在经济和制度环境不断演变的前提下，通过不同的发展战略来具体考察产权结构的绩效应该成为理解近代以来长期经济增长轨迹的方法论基础。同时，发展战略还需要满足政府的最优决策。笔者从发展战略、产权结构和政府最优行为三个方面对近代以来的经济增长轨迹进行解读：将近代（1840—1949年）的增长停滞归因于错误的发展战略、低效的产权结构和政府的机会主义，将改革开放前30年（1949—1978年）的有限增长归因于赶超战略、国有企业和政府的有效补贴，将改革开放后（1978年至今）的高速增长归因于比较优势战略、民营企业和中性政府。这样的结论有助于解答以下几个问题：近代经济增长停滞的原因是什么？如果国有企业是低效的，那么近代的工业化任务为什么是由国有企业而不是民营企业来完成的

(重工业优先发展战略的合理性)?既然赶超战略是合理的,那又是什么导致了赶超战略的不可持续性和进一步的改革,即发展战略转变的内生机制是什么?

(5)针对现阶段比较优势发展战略所呈现出来的阶段适宜性和知识产权保护(以及在此基础上的创新)在未来持续经济增长中的重要性,本书对Sun 和 Lio(1996)的内生投资品种类数分工模型进行了拓展,通过剩余索取权的变化探讨了知识产权保护水平与长期经济增长之间的非线性关系。笔者认为:在交易效率较低、分工经济尚未充分展开的经济发展早期阶段,投资品的生产远离世界技术前沿,有利于模仿创新投资品生产的模糊知识产权保护将实现一定的经济增长;但随着交易效率的演进和分工经济的充分展开,投资品的生产将逐渐接近世界技术前沿,并进一步导致模仿创新促进经济增长的作用逐渐下降。如果没有知识产权保护水平的改进,传统的经济增长模式将面临增长停滞和中等收入陷阱,那么有利于自主创新投资品生产的严格知识产权保护制度的转变将成为实现持续经济增长的必然选择。

通过对近代以来长期经济增长轨迹的解读,我们发现发展战略和产权结构均表现出动态性和阶段适宜性,脱离了具体的经济和制度环境,抽象地谈论发展战略和国有企业的低效率,其合理性是值得商榷的(这也是本书得出的一个理论和政策性启示),而认清现阶段特殊的经济和制度环境,并培养出与之相适应的发展战略和产权结构,应该成为摆脱中等收入陷阱、实现由大国发展之路向强国发展之路转变的必要条件。

8.2 研究的不足之处及未来研究展望

虽然本书尝试着对中国近代以来的长期经济增长轨迹进行解读,但仍然存在着很多的不足之处,具体包括:

(1)对国有企业微观效率和宏观效率的经验证据,本书利用的统计指标仍然是20世纪90年代以来的统计资料,尽管笔者试图利用1978年以后的资料统一进行证明,但就现有的条件来看,还很难实现。

(2)对于1840—1949年经济增长停滞原因的解释,本书更多的是利用历史归纳和逻辑演绎的方法。如果能利用历史统计资料，通过现代的统计方法和计量方法进行验证，无疑会大大增强这个研究结论的解释力。

(3)笔者虽然通过对知识产权保护和经济增长的非线性关系进行了证明，得出未来加强知识产权保护的重要性，但据此设计出什么样的发展战略和产权结构，以及在此基础上需要什么样的制度进行辅助，又该怎样建立一个与比较优势发展战略相类似的逻辑分析范式，都可以成为我们进一步研究的方向①。

① 在这一点上，曹华、刘渝琳(2005)对未考虑外部性的伪要素禀赋理论进行了批评。他们认为，在不考虑外部性时，完全按照要素禀赋进行决策便会产生里昂惕夫悖论。只有在考虑了外部性之后，伪要素禀赋理论才会成为真要素禀赋理论。真要素禀赋理论不会产生里昂惕夫悖论，而为了形成真要素禀赋优势，对那些正外部性较强的行业进行适当的补贴和干预是完全必要的。对于外部性对技术能力的影响，林毅夫(2012)在和张夏准博士的讨论中也修正了比较优势发展战略的理论，认为政府在发展战略的选择中应该一定程度地偏离比较优势，并由政府提供补贴，那么，发展战略的焦点便由是否严格执行比较优势转移到偏离比较优势的程度上来(林毅夫，《新结构经济学》，2012年版，P113－132)。

附 录

附录A 第四章精炼贝叶斯—纳什均衡解的实现过程

基于生产风险、交易风险和交易效率对收益函数的影响,笔者分别定义了投资人和经理人的效用(收益)函数。

$$U_I = U_I(E[g(\underset{+}{\theta},\underset{-}{f})],E(\underset{?}{t}),k)\text{(投资人效用函数)} \tag{A1}$$

$$U_M = U_M E[g(\underset{+}{\theta},\underset{-}{f})],E(\underset{?}{t}),k\text{(经理人效用函数)} \tag{A2}$$

其中,边际生产力(θ)和成本(f)反映了生产风险对效用函数的影响(生产力的影响为正,成本为负),中间产品交易市场的交易效率(t)反映了交易风险对效用函数的影响,其对投资人收益影响的方向不确定,说明经理人低努力水平可能是投资人的效用受损。产品市场交易效率(k)较为复杂,与生产风险成反比,与交易风险成正比,与效用函数成正比(这就意味着:更多的外部性行业将会随着交易效率的改善进入无外部性行业)。

在定义了效用函数之后,我们定义上述博弈结构的时间线:首先是投资人根据自己的实力选择进入的行业,然后是经理人选择努力水平管理自己的企业,政府则要考虑是否进行补贴(T)。外部性是指具有高成本、高收益但面临着巨大不确定性的项目,由此形成的生产风险构成了投资者的信息不完全;努力水平构成了经理人的私人信息,由此形成的交易风险构成了投资者—经理人的信息不对称。通过上述描述,不完全信息动态博弈的扩展式便可用图A-1表示。

图A-1的扩展式表述中,笔者定义:

$E[g(\theta,f,k)] = \sigma g(\theta_H,f_H,k)+(1-\sigma)g(\theta_L,f_L,k)$,($g(\theta,f,k)$ 为表示生产风险的函数),$E(t) = \rho t_H + (1-\rho)t_L$。且各均衡点满足:

$$U_I^A = T + U_I(E[g(\theta,f)],E(t),k),\ U_M^A = U_M(E[g(\theta,f)],E(t),k);$$

$$U_I^B = T + U_I(E[g(\theta,f)],t_L,k),\ U_M^B = U_M(E[g(\theta,f)],t_L,k);$$

$$U_I^C = U_I[g(\theta_L,f_L),E(t),k],\ U_M^C = U_M[g(\theta_L,f_L),t_L,k];$$

$$U_I^D = U_I[g(\theta_L, f_L), t_L, k], \ U_M^D = U_M[g(\theta_L, f_L), t_L, k];$$

$U_I^E = T + U_I[\theta, f, E(t), k]$，$U_M^E = U_M[\theta, f, E(t), k]$（此时不存在生产风险，故 $\theta_H = \theta_L = \theta$，$f_H = f_L = f$，且 $\{\frac{\partial U_I}{\partial \theta}, \frac{\partial U_I}{\partial f}, \frac{\partial U_M}{\partial \theta}, \frac{\partial U_M}{\partial f}\}$ 趋近于常数，可忽略）；

$$U_I^F = T + U_I[\theta, f, t_L, k], \ U_M^F = U_M[\theta, f, t_L, k];$$

$$U_I^G = U_I[\theta, f, E(t), k], \ U_M^G = U_M[\theta, f, E(t), k];$$

$$U_I^H = U_I[\theta, f, t_L, k], \ U_M^H = U_M[\theta, f, t_L, k]。$$

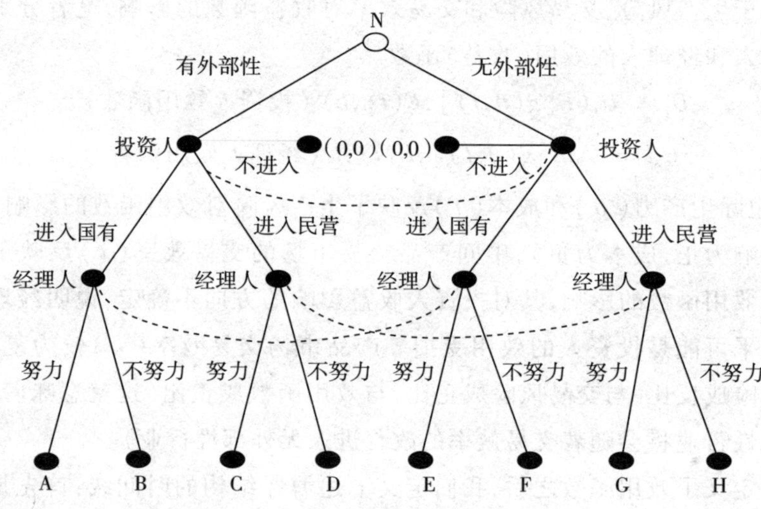

图 A－1　不同产权结构的扩展式表述

由于政府与国有企业的“父子关系”以及甄别成本的存在，政府会对国有企业的投资者进行补贴，其收益函数也变为了 $T + U_I(\bullet)$。由于剩余索取权的差异，传统文献证明：行动组合 B、C、F 和 G 会成为子博弈精炼纳什均衡。政府与国有企业“父子关系”的存在，使得政府会对国有企业进行补贴，那么行动组合 C 和 F 会被排除，最终行动组合 B（政府补贴，国有企业进入生产风险行业，经理人不努力）和 G（政府不补贴，民营企业进入无生产风险行业，经理人努力）成为新的子博弈纳什均衡。为了求解最终的产权结构，本书还可以解得：

当 $\sigma > \sigma_0$（$\sigma_0 = \sigma[\theta_L, f_L, E(t), k]$）、$k > k_0$ 或 $\rho < \rho_0$（$\rho_0 = \rho[E(\theta, f), t_L, k]$）时，国有企业的产权结构会成为精炼贝叶斯—纳什均衡解；

当$\sigma < \sigma_0$、$k < k_0$或$\rho > \rho_0$时，民营企业的产权结构会成为精炼贝叶斯—纳什均衡解。

这样，我们就内生了生产风险和交易风险，它们由外部性、经理人的努力水平和交易效率决定。上式的经济学意义是不言而喻的：当政府补贴、投资者进入生产风险行业、经理人选择低努力水平所产生的收益超过政府不补贴、投资者进入无生产风险行业，经理人选择高努力水平时收益的临界值时，国有企业的产权结构会成为精炼贝叶斯—纳什均衡解；反之，民营企业的产权结构会成为精炼贝叶斯—纳什均衡解。

那么，博弈的具体实现过程可以描述为：在经济发展的早期阶段，交易效率较小，生产风险成为引起效率损失的主要来源（$\partial g/\partial k < 0$），交易风险引起的效率损失可以忽略（$\partial t/\partial k > 0$）。此时，生产风险成本较大，如果不存在政府补贴以及基于"父子关系"的国有企业，生产风险的负面影响可能使投资人的收益为负（$U_I^C < 0$），于是G（政府不补贴，投资者不进入，经理人不努力）便可能成为均衡，此时根本就不会有企业存在，经理人的努力水平将不产生任何影响。但如果政府意识到生产风险行业的外部性并决定进行补贴，在满足$U_I^B > 0$时，行动组合B（政府补贴，投资者进入生产风险行业，经理人不努力）便会成为新的均衡，此时国有企业因为节约了生产风险成本而产生效率改进（$U_I^B > U_I^C$）。

随着交易效率的演进和分工经济的深化，当超越了一定的临界点（k_0）时，交易风险替代生产风险成为效率损失的主要来源，生产风险引起的效率损失可以忽略。在外部性逐渐减弱的前提下，日益增长的交易风险成本可能使政府面临严重的财政负担和$U_I^F < 0$，那么国有企业的低效率会成为一种必然，在没有任何改变的情况下（政府不补贴，投资者不进入，经理人不努力）可能重新成为一种均衡。于是，政府的补贴将逐步退出历史舞台，取而代之的是国有企业的民营化或者产权改革。那么，改变了激励结构的行动组合G（政府不补贴，民营企业进入无生产风险行业，经理人努力）成为新的均衡，此时民营企业的产权结构因为避免了交易风险成本而产生效率增进，

即($U_I^G > U_I^F$)①。

附录 B　第七章精炼贝叶斯—纳什均衡解的实现过程

基于投资品种类数、机会成本和机会主义对收益函数的影响，笔者分别定义了投资人和经理人的效用(收益)函数：

$$U_I = U_I(\underset{+}{m}, \underset{-}{f}, \underset{?}{t}, k)\text{（投资人效用函数）} \qquad (B1)$$

$$U_M = U_M(\underset{+}{m}, \underset{-}{f}, \underset{+}{t}, k)\text{（经理人效用函数）} \qquad (B2)$$

其中，机会成本(f)与效用函数的关系为负，投资品种类数与效用函数的关系为正。投资品市场交易效率(t)反映了机会主义对效用函数的影响，对投资人收益的影响存在着不确定性，说明经理人低努力水平可能使投资人的效用受损。产品市场的交易效率(k)较为复杂，但与效用函数的关系为正。

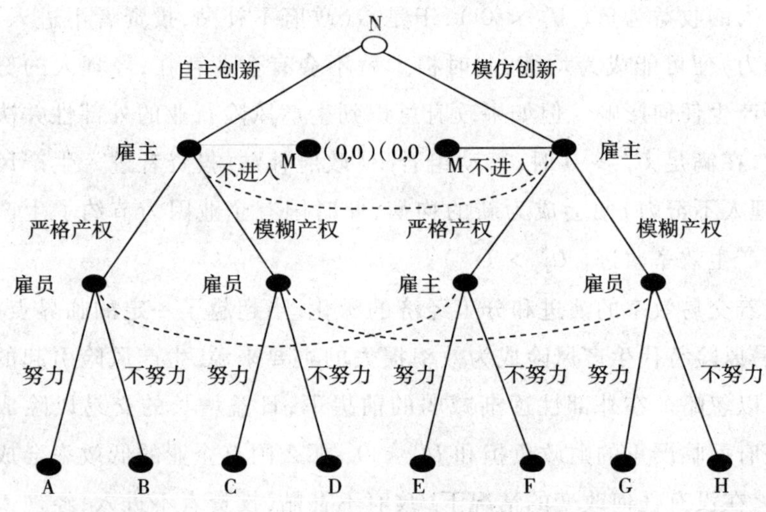

图 B-1　不同产权结构的扩展式表述

在定义完效用函数后，进一步定义上述博弈结构的时间线：首先是雇主根据自己的实力选择投资品的类型，然后是雇员选择努力水平进行投资品的生产。投资品公共产品的属性构成了雇主的不完全信息，投资品生产者

① 需要说明的是，由于生产风险成本已经不再重要，进入高成本与进入低成本所产生的收入差距不再明显，这里的低成本行业可能是由以前的高成本行业演化而来，一种极端的情况就是：当交易效率无限大时，投资者的实力也无限大，此时根本就不存在高成本行业。

的机会主义则构成了雇主与雇员的信息不对称。于是，上述不完全信息动态博弈的扩展式便可用图 B－1 表示。

图 B－1 的扩展式表述中，笔者定义 $E(f) = \varepsilon f_H + (1-\varepsilon) f_L$，$E(t) = \rho t_H + (1-\rho) t_L$。

由于自主创新投资品更高的机会成本和更强的外部性，（自主创新，模糊产权）和（模仿创新，严格产权）将不会成为均衡解，这就意味着均衡 C、D、E 和 F 将被排除。已有文献证明：由于雇员的机会主义，（自主创新，严格产权，不努力）和（模仿创新，模糊产权，努力）将不会被选择。那么，最终剩下的均衡解包括均衡 M(0,0)、均衡 A（自主创新，严格产权，努力）和均衡 H（模仿创新，模糊产权，不努力）①。基于本书中的超边际分析，我们定义均衡 A 和 H 的效用函数：

$$U_I^A = U_I[m_H, E(f), E(t), k_H],\ U_M^A = U_M[m_H, E(f), E(t), k_H];$$

$$U_I^H = U_I(m_L, f_L, t_L, k_L),\ U_M^H = U_M(m_L, f_L, t_L, k_L)。$$

这就意味着：当消费品以及投资品的交易市场和企业结构尚未出现时，均衡 A(0,0) 成为精炼贝叶斯—纳什均衡解。此时，只存在必需的投资品和消费品生产，没有专业化和规模经济的发生，实现的投资品种类和人均效用水平较低；当交易效率较低时，均衡 H（模仿创新，模糊产权，不努力）将成为最终的精炼贝叶斯—纳什均衡解，此时实现的投资品种类数和人均收入水平较低；当交易效率较高时，均衡 A（自主创新，严格产权，不努力）将成为最终的精炼贝叶斯—纳什均衡解，此时实现的投资品种类数和人均收入水平较高。

① 当创新投资品的机会成本足够高导致雇员的效用函数为负时，只进行必需投资品而不进行创新投资品的生产也可能成为一种均衡，即自给自足结构（$MAR \in (MAR^*, MAR_0)$），但基于篇幅的考虑和本书的主题，我们在正文中并未求自给自足结构均衡的解析解。

参考文献

[1] 阿瑟·恩·杨格. 一九二七至一九三七年中国财政经济情况[M]. 陈泽宪,陈霞飞,译. 北京:中国社会科学出版社,1981.

[2] 白重恩,路江涌,陶志刚. 国有企业改制效果的实证研究[J]. 经济研究,2006(8):4-13.

[3] 安强身. 金融漏损、效率修正与“反哺效应”——中国转轨经济金融低效率和经济高增长研究的新视角[J]. 财经研究,2008(4):4-15.

[4] 曹华,刘渝琳. 基于外部性的要素禀赋理论对我国贸易战略的影响[J]. 世界经济研究,2005(7):55-59.

[5] 陈亮. 中国跨越“中等收入陷阱”的开放创新——从比较优势向竞争优势转变[J]. 马克思主义研究,2011(5):50-61.

[6] 大琢启二郎,刘德强,村上直树. 中国的工业改革——过去的成绩和未来的前景(中文版)[M]. 上海:上海人民出版社,2000.

[7] 代中强. 实际知识产权保护:模仿创新与自主创新[J]. 经济评论,2010(6):85-97.

[8] 樊纲. 论体制转轨的动态过程——非国有部门的成长与国有部分的改革[J]. 经济研究,2000(2):11-21.

[9] 樊纲,王晓鲁,朱恒鹏. 中国市场化指数:各地区市场化相对进程2009年报告[M]. 北京:经济科学出版社,2010.

[10] 费正清,刘广京. 剑桥中国晚清史(上)[M]. 北京:中国社会科学出版社,1993.

[11] 冯涛,李英东. 国家、市场和产权关系重构——基于中国近现代史的新解释[J]. 陕西师范大学学报,2009(2):86-97.

[12] 高帆. 交易效率、分工演进与二元经济结构转化[M]. 上海:上海人民出版社,2007.

[13] 郭克莎.对中国外贸战略与贸易政策的评论[J].国际经济评论,2003(1):31-34.

[14] 郭克莎.中国工业发展战略及政策的选择[J].中国社会科学,2004(1): 30-41.

[15] 郭熙保,胡汉昌.后发优势战略与比较优势战略[J].江汉论坛,2002(9):25-30.

[16] 郝书辰,陶虎,田金方.不同股权结构的国有企业治理效率比较研究——以山东省为例[J].中国工业经济,2011(9):130-139.

[17] 贺大兴,姚洋.平等与中性政府:对中国二十年经济增长的一种解释[J].世界经济文汇,2009(1):103-120.

[18] 贺大兴,姚洋.社会平等、中性政府与中国经济增长[J].经济研究,2011(1):4-17.

[19] 洪功翔.国有企业存在双重效率损失吗?——与刘瑞明、石磊教授商榷[J].经济理论与经济管理,2010(11):24-32.

[20] 洪银兴.从比较优势到竞争优势——兼论国际贸易的比较利益理论的缺陷[J].经济研究,1997(6):20-26.

[21] 胡鞍钢.中国现代经济发展的初始条件[J].当代中国史研究,2005(1):4-15.

[22] 胡一凡,宋敏,郑红亮.所有制结构改革对中国企业绩效的影响[J].中国社会科学,2006(4):50-64.

[23] 黄险峰,李平.国有企业部门规模与经济增长:基于中国各地区的经验研究[J].产业经济评论,2008(2):1-21.

[24] 黄险峰,李平.国有企业效率、产出效应与经济增长:一个分析框架和基于中国各省区的经验研究[J].产业经济评论,2009(3):39-56.

[25] 经济增长前沿课题组.经济增长、结构调整的累积效应与资本形成[J].经济研究,2003(8):3-12.

[26] 经济增长前沿课题组.高投资、宏观成本与经济增长的持续性[J].经济研究,2005(10):12-23.

[27] 中国经济增长与宏观稳定课题组.干中学、低成本竞争和增长路径转变[J].经济研究,2006(4):4-14.

[28] 中国经济增长与宏观稳定课题组.劳动供给效应与增长路径的

转换[J].经济研究,2007(8):4-16.

[29] 中国经济增长与宏观稳定课题组.中国可持续增长的机制:证据、理论和政策[J].经济研究,2008(10):13-25.

[30] 吉尔,卡拉斯.东亚复兴:关于经济增长的观点[M].黄志强,余江,译.北京:中信出版社,2008.

[31] 孔翔,万广华,Marks R. E. 国有企业全要素生产率变化及其决定因素:1990—1994[J].经济研究,1999(7):40-48.

[32] 科尔奈.短缺经济学[M].高鸿业,译.北京:经济科学出版社,1986.

[33] 李稻葵.中国经济需要大国发展战略[J].今日中国论坛,2006(7):34-36.

[34] 李楠,乔榛.国有企业改制政策效果的实证分析——基于双重差分模型的估计[J].数量经济技术经济研究,2010(2):3-21.

[35] 李善同,侯永志,刘云中,陈波.中国国内地方保护问题的调查与分析[J].经济研究,2004(11):78-84.

[36] 李寿喜.产权、代理成本和代理效率[J].经济研究,2007(1):102-113.

[37] 列宁.列宁全集[M].北京:人民出版社,1958.

[38] 廖国民,王永钦.论比较优势与自生能力的关系[J].经济研究,2003(9):32-39.

[39] 林青松,李实.企业效率理论与中国企业的效率[J].经济研究,1996(7):73-80.

[40] 刘瑞明.国有企业如何拖累了经济增长[D].复旦大学,2012.

[41] 刘瑞明.作为隐性补贴的市场分割:理论与经验证据[J].管理世界,2012(4):4-16.

[42] 刘瑞明,石磊.国有企业的双重效率损失与经济增长[J].经济研究,2010(1):127-137.

[43] 刘瑞明.金融抑制、所有制歧视与增长拖累:国有企业效率损失的再考察[J].经济学(季刊),2011(2):603-618.

[44] 刘树成.中国经济周期研究报告[M].北京:社会科学文献出版社,2006.

[45] 林毅夫.发展战略、自生能力与经济收敛[J].经济学(季刊),2002(2):269-300.

[46] 林毅夫.发展战略与经济发展[M].北京:北京大学出版社,2004.

[47] 林毅夫.自生能力、经济发展与转型:理论与实证[M].北京:北京大学出版社,2006.

[48] 林毅夫.新结构经济学[M].北京:北京大学出版社,2012.

[49] 林毅夫.繁荣的求索:发展中经济如何崛起[M].北京:北京大学出版社,2012.

[50] 林毅夫.解读中国经济[M].北京:北京大学出版社,2012.

[51] 林毅夫,蔡昉,李周.中国的奇迹:发展战略与经济改革[M].上海:上海人民出版社,1994.

[52] 林毅夫,蔡昉,李周.充分信息与国有企业改革[M].上海:上海人民出版社,1997.

[53] 林毅夫,李志赟.政策性负担、道德风险与预算软约束[J].经济研究,2004(2):17-27.

[54] 林毅夫,刘明兴,章奇.政策性负担与企业的预算软约束:来自中国的实证研究[J].管理世界,2004(8):81-89.

[55] 林毅夫,刘培林.地方保护和市场分割:从发展战略的角度考察[R].北京大学中国经济研究中心讨论稿,2004,No.C2004015.

[56] 林毅夫,孙希芳.经济发展的比较优势战略理论——兼评"对中国外贸战略与贸易政策的评论"[J].国际经济评论,2003(11):12-18.

[57] 林毅夫,张鹏飞.后发优势、技术引进和落后国家的经济增长[J].经济学(季刊),2005(1):53-74.

[58] 刘小玄.中国转轨经济中的产权结构和市场结构——产业绩效水平的决定因素[J].中国工业经济,2003(1):21-29.

[59] 刘元春.国有企业的"效率悖论"及其深层次的解释[J].中国工业经济,2001(7):31-39.

[60] 刘元春.国有企业宏观效率论——理论及其验证[J].中国社会科学,2001(5):69-81.

[61] 刘志彪,张杰.全球代工体系下发展中国家俘获型网络的形成、

突破与对策:基于 GVC 与 NVC 的比较视角[J]. 中国工业经济,2007(5):39 - 47.

[62] 鲁济典. 生产资料生产优先增长是一个客观规律吗[J]. 经济研究,1979(4):16 - 21.

[63] 卢峰,姚洋. 金融压抑下的法治、金融发展与经济增长[J]. 经济学(季刊),2004(1):42 - 55.

[64] 卢文鹏. 金融抑制、路径依赖与中国渐进改革中的制度性公共风险[J]. 复旦大学学报(社会科学版),2002(4): 8 - 15.

[65] 麦迪逊. 中国经济的长远未来[M]. 楚序平,吴湘松,译. 北京:新华出版社,1999.

[66] 麦迪逊. 世界经济千年史[M]. 伍晓鹰,等译. 北京:北京大学出版社,2003.

[67] 马荣. 中国国有企业效率研究:基于全要素生产率增长及其分解因素的研究[J]. 上海经济研究,2011(2):20 - 28.

[68] 欧阳晓,易先忠,生延超. 从大国经济增长阶段性看比较优势战略的适宜性[J]. 经济学家,2012(8):80 - 90.

[69] 普列奥布拉任斯基. 新经济学[M]. 北京:三联书店,1958.

[70] 平新乔,范瑛,郝朝艳. 中国国有企业代理成本的实证分析[J]. 经济研究,2003(11):42 - 53.

[71] 冉光和,李敬,等. 中国金融发展与经济增长关系的区域差异——基于东部和西部的面板数据单位根检验、协整检验和误差修正模型[J]. 中国软科学,2006(2):102 - 110.

[72] 让 - 雅克 · 拉丰, 大卫 · 马赫蒂摩. 激励理论(第一卷):委托—代理模型[M]. 陈志俊,等译. 北京:中国人民大学出版社,2002.

[73] 邵琍玲. 改革中的中国国有企业效率[J]. 经济研究,1990(7):61 - 65.

[74] 孙健. 20 世纪的中国——走向现代化的历程(经济卷:1949 - 2010)[M]. 北京:人民出版社,2010.

[75] 谈儒勇. 中国金融发展和经济增长关系的实证研究[J]. 经济研究,1999(10):53 - 61.

[76] 王佃凯. 比较优势陷阱与中国贸易战略选择[J]. 经济评论,

2002(2):28－31.

[77] 王允贵.WTO与中国贸易发展战略[M].北京:经济管理出版社,2002.

[78] 王永钦,等.中国的大国发展道路——论分权式改革的得失[J].经济研究,2007(1):4－16.

[79] 吴敬琏.中国增长模式的抉择[M].上海:上海远东出版社,2006.

[80] 吴延兵.国有企业双重效率研究[J].经济研究,2012(3):15－27.

[81] 谢千里,罗斯基,郑玉歆.改革以来中国工业生产率变动趋势的估计及其可靠性分析[J].经济研究,1995(12):10－22.

[82] 谢作诗,李善杰.软预算约束的原因与性质:综述及评论[J].产业经济评论,2012(1):109－125.

[83] 许涤新,吴承明.中国资本主义发展史(第二卷)[M].北京:人民出版社,2003.

[84] 许涤新,吴承明.中国资本主义发展史(第三卷)[M].北京:人民出版社,2003.

[85] 徐元康.比较优势战略在我国经济发展中的不适应性研究[J].改革,2003(5):97－102.

[86] 徐建斌,尹翔硕.贸易条件恶化与比较优势战略的有效性[J].世界经济,2002(1):31－36.

[87] 姚洋.中性政府:对转型期中国经济成功的一种解释[J].经济评论,2009(3):5－13.

[88] 姚洋,郑东雅.外部性与重工业优先发展[J].南开经济研究,2007(2):3－19.

[89] 姚洋,郑东雅.重工业与经济发展:计划经济时代再考察[J].经济研究,2008(4):26－40.

[90] 杨小凯,张永生.新兴古典经济学和超边际分析[M].北京:中国人民大学出版社,2000.

[91] 张晨,张宇.国有企业真的是低效率的吗[J].经济学家,2011(2):16－25.

[92] 赵德馨.中国近现代经济史:1949－1991[M].郑州:河南人民出版社,2003.

[93] 赵红军.交易效率、城市化与经济发展——一个城市化经济学分析框架及其在中国的应用[D].复旦大学,2005.

[94] 张杰.渐进改革中的金融支持[J].经济研究,1998(10):51－56.

[95] 张杰,李勇,刘志彪.外包与技术转移:基于发展中国家异质性模仿的分析[J].经济学(季刊),2010(4):1261－1286.

[96] 郑京海,刘小玄,Bigsten A.1980—1994 期间中国国有企业的效率、技术进步和最佳实践[J].经济学季刊,2002(3):521－ 539.

[97] 张军.社会主义的政府与企业:从"退出"的角度分析[J].经济研究,1994(4):72－80.

[98] 张军.双轨制经济学:中国的经济改革(1978—1992)[M].上海:上海人民出版社,2006.

[99] 张军,詹宇波.金融歧视、"腐败"与中国私营企业的增长:基于转轨的理论分析与经验观察[J].世界经济文汇,2006(2):30－44.

[100] 张曙光.从"计划合约"走向"市场合约"——对国有企业改革的进一步思考[J].管理世界,2005(1):96－101.

[101] 张五常.经济解释[M].香港:花千树出版有限公司,2002.

[102] 张维迎.公有制经济中的委托人—代理人关系:理论分析和政策含义[J].经济研究,1995(4):10－20.

[103] 张维迎.企业理论与中国企业改革[M].北京:北京大学出版社,1999.

[104] 周立,王子明.中国各地区金融发展与经济增长实证分析:1978—2000[J].金融研究,2002(10):1－13.

[105] 庄子银.知识产权、市场结构、模仿和创新[J].经济研究,2009(11):95－104.

[106] Aghion P,Howitt P. A Model of Growth through Creative Destruction[J]. Econometrica, 1992, 60(2): 323－351.

[107] Alchain A. The Basis of Some Recent Advances in the Theory of Management of the Firm[J]. Journal of Industrial Economics, 1965, 14(1): 39－62.

[108] Alchain A. Some Economics of Property[J]. It Politico 1965, 30 (2):816 - 829.

[109] Alchain A. Corporate Management & Property Rights in Economic Policy & the Regulation of Corporate Securities[J]. Washington D. C.: American Enterprise Institute for Public Policy Research, 1969, 7(2):337 - 360.

[110] Arellano M, Bover O. Another Look at the Instrumental Variables Estimation of Error - Components Models[J]. Journal of Econometrics, 1995, 68(2): 29 - 51.

[111] Arthur A G. Democracy, Property Rights & Economic Growth[J]. Journal of Development Studies, 1995, 3(2):157 - 174.

[112] Bai C, Li D, Wang Y. Enterprise Productivity & Efficiency: When is Up Really Down? [J]. Journal of Comparative Economics, 1997, 24(3):265 - 280.

[113] Bai C, Du Y, Tao Z, Tong S. Local Protection & Regional Specialization: Evidence from China's Industries[J]. Journal of International Economics, 2002, 63(1): 397 - 417.

[114] Benhabib J, Spiege M. The Role of Human Capital in Economic Development: Evidence of Aggregate Cross - Country Data[J]. Journal of Monetary Economics, 1994, 34(2): 143 - 173.

[115] Boardman, Vining. Ownership & Performance in Competitive Environments: A Comparison of the Private, Mixed and State - Owned Enterprises [J]. Journal of Law & Economics, 1989, 32(1): 1 - 33.

[116] Branstetter L, Fishman R, Foley F, Saggi K. Intellectual Property Rights Imitation & Foreign Direct Investment: Theory and Evidence [R]. NBER Working Paper, 2007, No. 13033.

[117] Caner M, Hansen B E. Instrumental Variable Estimation of a Threshold Model[J]. Econometric Theory, 2004, 20 (5) : 813 - 842.

[118] Coase R. The Nature of the Firm [J]. Economica, 1937, 3 (4):1 - 44.

[119] Coase R. The Problem of Social Cost[J]. The Journal of Law & Economics, 1960, 3(1): 1 - 44.

[120] Cheung S. The Structure of a Contract & the Theory of a Non - exclusive Resource[J]. Journal of Law & Economics, 1974,17(1): 53 - 71.

[121] Cheung S. The Contractual Nature of the Firm[J]. Journal of Law & Economics, 1983, 26(1): 1 - 26.

[122] Chuang Y. Learning by Doing Technology Gap & Growth[J]. International Economic Review, 1998, 39(3): 697 - 721.

[123] Cull R, Xu L. Who Gets Credit? The Behavior of Bureauctats and State Banks in Allocating Credit to Chinese SOEs[J]. Journal of Development Economics, 2003, 71(2): 533 - 559.

[124] Demsetz H. Toward a Theory of Property Rights[J]. American Economic Review, 1967, 57(2): 347 - 359.

[125] Dewatripont M, Maskin E. Credit & Efficiency in Centralized & Decentralized Economies [J]. Review of Economic Studies, 1995, 62 (4): 541 - 556.

[126] Dewatripont M, Roland G. Soft Budget Constraints, Transition and Financial Systems [J]. Journal of Institutional and Theoretical Economics, 2000, 156(1): 245 - 260.

[127] Dewenter K L, Malatesta P H. State - Owned & Privately Owned Firms: An Empirical Analysis of Profitability Leverage & Labor Intensity[J]. American Economic Review, 2001, 91(4): 199 - 246.

[128] Djankov S, Murrel P. Enterprise Restructuring in Transition: A Quantitative Survey [J]. Journal of Economic Literature, 1994, 40(2):739 - 792.

[129] Dollar D. Economic Reform & Allocative Efficiency in China's State - Owned Industry[J]. Economic Development & Cultural Change, 1991, 39(1): 89 - 105.

[130] Evenson R, Westphal L. Technological Change and Technology Strategy[A]. in Srinivasan T. Behrman J. (eds.) Hand book of Development Economics[C]. Amsterdam: North - Holland, 1995.

[131] Falvey R, Neil F, David G. Intellectual Property Rights & Economic Growth[J]. Review of Development Economics, 2006, 10(4): 700 - 719.

[132] Feenstra R, Hamilton G. Emergent Economies, Divergent Paths: Economic Organization & International Trade in South Korea & Taiwan[M]. Cambridge: Cambridge University Press, 2006.

[133] Furubotn E G, Pejovich S. Property Rights & Economic Theory: A Survey of Recent Literature[J]. Journal of Economic Literature, 1972, 10(4): 1137 - 1172.

[134] Gerschenkron A. Europe in the Russian Mirror[M]. London: Cambridge University Press, 1970.

[135] Gereffi G. International Trade & Industrial Upgrading in the Apparel Commodity Chain[J]. Journal of International Economics, 1999, 48(1): 37 - 70.

[136] Ginarte J C, Park W G. Determinants of Patent Rights: A Cross - national Study[J]. Research Policy, 1997, 26(3): 283 - 301.

[137] Goldsmith R. Financial Structure & Development[M]. New Haven: Yale University Press, 1969.

[138] Gordon R H, Li W. The Change in Productivity of Chinese State Enterprises (1983—1987)[J]. The Journal of Productivity Analysis, 1995, 6(1): 5 - 26.

[139] Greenwood B, Stiglitz J E. Externalities in Economics with Imperfect Information & Incomplete Markets[J]. Quartely Journal of Economies, 1986, 23(2): 229 - 264.

[140] Greenwood J, Smith B. Financial Markets in Development & the Development of Financial Markets[J]. Journal of Economic Dynamic & Control, 1972, 21(1): 145 - 181.

[141] Grossman, G, Helpman E. Innovation & Growth in the Global Economy[M]. Cambridge MA: MIT Press, 1991.

[142] Groves T, Hong Y, Mcmillan J, Naughton B. Autonomy & Incentives in Chinese State Enterprises[J]. The Quarterly Journal of Economics, 1994, 109(1): 183 - 209.

[143] Hansen B E. Inference When a Nuisance Parameter Is Not Identified Under the Null Hypothesis[J]. Econometrica, 1996, 64(2): 413 - 430.

[144] Hansen B E. Threshold Effects in Non - Dynamic Panels: Estimation, Testing & Inference[J]. Journal of Econometrics, 1999, 93(2): 345 - 386.

[145] Hansen B E. Sample Splitting & Threshold Estimation[J]. Econometrica, 1999, 68(3): 575 - 603.

[146] Hellman T, Murdock K, Stiglitz J E. Financial Restraint: Towards a New Paradigm: The Role of Government in East Asian Economic Development[A]. in Aoki M, Kim H K, Fujiwara M O. Comparative Institutional Analysis[C]. Clarendon Press, Oxford, 1997.

[147] Hellmann T, Murdock K, Stiglitz J E. Liberalization Moral Hazard in Banking & Prudential Regulation: Are Capital Requirements Enough[J]. American Economic Review, 2000, 90(1): 147 - 165.

[148] Helpman E. Innovation, Imitation & Intellectual Property Rights[J]. Econometrica, 1993, 61(6): 1247 - 1280.

[149] Hirschman A. The Strategy of Economic Development[M]. New Haven: Yale University Press, 1958.

[150] Hoekman B, Maskus K, Saggi K. Transfer of Technology to Developing Countries: Unilateral & Multilateral Policy Options[J]. World Development, 2001, 33(10): 1587 - 1602.

[151] Hoffmann. Growth of Industrial Economics[M]. Manchester: Manchester University Press, 1997.

[152] Humphrey J, Schmitz H. Chain Governance & Upgrading: Taking a Stock[A]. in Schmitz H. Local Enterprises in the Global Economy: Issues of Governance & Upgrading[M]. Cheltenham: Elgar, 2004.

[153] Li Daokui. Public Ownership as the Cause of a Soft Budget Constraint[M]. Boston: Harvard University, 1992.

[154] Li W. The Impact of Economic Reform on the Performance of Chinese State Enterprises: 1980 - 1989[J]. The Journal of Political Economy, 1997, 105(5): 1080 - 1106.

[155] Jefferson G H, Rawski T G, Zheng Y. Growth Efficiency & Convergence in China's State & Collective Industry[J]. Economic Development & Cultural Change, 1992, 40(2): 239 - 266.

[156] Johan T. Property Rights & Economic Growth: An Empirical Study[J]. Kyklos, 2007, 47(2): 231 - 247.

[157] Kaplinsky R. Globalization & Unequalisation: What can be Learned from Value Chain Analysis? [J]. Journal of Development Studies, 2000, 37(2): 117 - 146.

[158] Kaplinsky R. Is Globalization All It is Cracked up to be? [J]. Review of International Political Economy, 2001, 8(1): 45 - 65.

[159] Keller W. International Technical Diffusion[J]. Journal of Economic Literature, 2004, 42(4): 752 - 782.

[160] King R G, Levin R. Financial & Growth: Schumpeter Might be Right[J]. Quarterly Journal of Economics, 1993, 108(3): 717 - 738.

[161] Kole, Mulherin. The Government As a Shareholder: A Case from the United States[J]. Journal of Law & Economics, 1997, 40(2): 1 - 22.

[162] Kong X, Marks R E, Wan G. Technical Efficiency, Technological Change & Total Factor Productivity Growth in Chinese State - Owned Enterprises in the Early 1990s[J]. Asian Economic Journal, 1999, 13(3): 267 - 280.

[163] Kornai J. The Soft Budget Constraint[J]. Kyklos, 1986, 39(1): 3 - 30.

[164] Kornai J, Maskin M, Roland J. Understanding the Soft Budget Constraint[J]. Journal of Economic Literature, 2003, 41(4): 1095 - 1136.

[165] Kremer S, Bick A Nautz D. Inflation & Growth: New Evidence From a Dynamic Panel Threshold Analysis[Z]. http://edoc. hu - berlin. de/series/ sfb - 649 - papers / 2009 - 36 / PDF / 36. pdf, 2009.

[166] Levine R, Zerovs S. Stock Markets, Banks & Economic Growth[J]. American Economic Review, 1988, 88(3): 537 - 558.

[167] Levine R. Financial Development & Economic Growth: Views & Agenda[J]. Journal of Economic Literature, 1997, 35(2): 688 - 726.

[168] Levine R, Loayza N, Beck T. Financial Intermediation & Growth: Causality & Causes[J]. Journal of Monetary Economics, 2000, 32(1): 31 - 77.

[169] Lin J Y, Cai F, Li Z. Competition, Policy Burdens & State - Owned

Enterprise Reform [J]. The American Economic Review, 1998, 88 (2): 422 - 427.

[170] Louis D, Alessi A. Property Rights, Transaction Costs & X - Efficiency: An Essay in Economic Theory[J]. American Economic Review, 1983, 73(1): 64 - 77.

[171] Matsuyama K. Start - up Costs & Pecuniary Extemal ities as Barriers to Economic Development[J]. Journal of Development Economics, 1996, 49(1): 33 - 59.

[172] Maskin E, Xu C G. Soft Budget Constraint Theories: From Centralization to the Market[J]. Economics of Transition, 2001, 9(1): 1 - 27.

[173] Mckinnon R. Money & Capital in Economic Development [M]. Washington: Brookings Institution, 1973.

[174] Megginson W, Netter J. From State to Market: A Survey of Empirical Studies on Privatization[J]. Journal of Economic Literature, 2002, 49(2): 321 - 389.

[175] Mondal D, Gupta M R. Innovation, Imitation & Intellectual Property Rights: A Note on Helpman's Model [J]. Journal of Economics, 2006, 87(1): 29 - 53.

[176] Nathan R. Property Rights & Economic Growth[Z]. http://www.ratio.se/pdf/wp/nr_propertyrights.pdf, 1995.

[177] Naughton B. How Much Can Regional Integration Do to Unify China's Markets? [A]. in Nicholas Hope, Dennis Yang & Mu Yang Li eds. How Far Across the River? Chinese Policy Reform at the millennium[C]. Stanford: Stanford University Press, 2003: 204 - 232.

[178] Nelson R, Phelps E. Investment in Humans, Technology Diffusion & Economic Growth[J]. American Economic Review, 1966, 56(2): 69 - 76.

[179] Park W G. International Patent Protection: 1960—2005 [J]. Research Policy, 2008, 37(4): 761 - 766.

[180] Park A, Du Y. Blunting the Razor's Edge: Regional Development in Reform China[Z]. Hong Kong, 2000.

[181] Poncet S. Measuring Chinese Domestic & International Integration[J].

China Economic Review,2003, 14(1): 1 –21.

[182] Poncet S. A Fragmented China: Measure & Determinants of Chinese Domestic Market Disintegration[J]. Review of International Economics, 2005, 13(3): 409 –430.

[183] Porter M. The Competitive Advantage of Nations[M]. New York: Free Press,1998.

[184] Prebish R. The Economic Development of Latin America & Its Principal Problems[M]. New York: United Nations. Reprinted in Economic Bulletin of Latin America, 1950, 7(1): 1 –22.

[185] Qian Y,Barry R W. Federalism As a Commitment Preserving Market Incentives[J]. Journal of Economic Perspectives, 1997, 11(2): 83 –92.

[186] Qian Y,Roland G. Federalism & the Soft Budget Constraint[J]. American Economic Review, 1998, 77(2): 265 –284.

[187] Qian Y,Roland G,Xu C. Why China's Different from Eastern Europe? Perspectives From Organization Theory[J]. European Economic Review, 1999, 43(4): 1085 –1094.

[188] Rhee Y,Ross L B,Pursell G. Koreaps Competitive Edge: Managing the Entry into World Markets[M]. Baltimore: Johns Hopkins University Press, 1984.

[189] Romer P. Endogenous Technical Change[J]. Journal of Political Economy,1990, 98(5): 71 –102.

[190] Sah R K,Stiglitz J E. Price Scissors & the Structure of the Economy[J]. The Quarterly Journal of Economics, 1987, 102(1): 109 –134.

[191] Schmitz H. Local Upgrading in Global Chains: Recent Findings [Z]. Paper to be Presented at the DRUID Summer Conference,2004 .

[192] Schenider P H. International Trade,Economic Growth & Intellectual Property Rights[J]. Journal of Development Economics, 2005, 78(2): 529 –547.

[193] Shaw E. Financial Deepening in Economic Development[M]. New York: Oxford University Press, 1973 .

[194] Simon H. Orgnazitons & Markets[J]. Journal of Economic Per-

spectives, 1991, 5(2): 25 - 44.

[195] Singer H. The Distribution of Gains between Investing & Borrowing Countries[J]. American Economic Review, 1968, 40(5): 473 - 485.

[196] Stiglitz J E, Weiss A. Credits Rationing in Markets with Imperfects Information[J]. American Economic Review, 1981, 71(3): 133 - 152.

[197] Stiglitz J E. The Invisble Hand and Modern Welfare Economics [A]. In Information Strategy & Public Policy[C]. Vines D & Stevenson A, 12 - 50. Oxford: Basil Blackwell, 1991.

[198] Stiglitz J E. Whither Socialism? [M]. Cambrige, MA: MIT Press, 1995.

[199] Sun G, Lio M. A General Equilibrium Model Endogenizing the Level of Division of Labor & Variety of Producer Goods[Z]. Department of Economics, Monarsh University, 1996.

[200] Thompson M A, Rushing F. An Empirical Analysis of the Impact of Patent Protection on Economic Growth: An Extension[J]. Journal of Economic Development, 1999, 24(2): 182 - 191.

[201] Tian X W. Privatization & Economic Performance: Evidence from Chinese Provinces[J]. Economic System, 2001, 25(2): 65 - 77.

[202] Vickers B, Yarrow S. Economic Perspectives on Privatization[J]. Journal of Economic Perspectives, 1999, 5(2): 111 - 132.

[203] Xu L C. Control Incentives & Competition: The Impact of Reform on Chinese State - Owned Enterprises[J]. Economics of Transition, 2000, 8(1): 151 - 173.

[204] Wu J Y, Hsu C C. Does Foreign Direct Investment Promote Economic Growth? Evidence from a Threshold Regression Analysis[J]. Economic Bulletin, 2008, 5(1): 1 - 10.

[205] Yang X. The Division of Labor: Investment & Capital[J]. Metroeconomica, 1999, 50(7): 301 - 324.

[206] Yang X, Ng Y - K. Theory of the Firm & Structure of the Residual Rights[J]. Journal of Economic Behavior & Organization, 1995, 26(2): 107 - 128.

[207] Yang G, Maskus K E. Intellectual Property Rights, Licensing & Innovation in an Endogenous Product Cycle Model[J]. Journal of International Economics, 2001, 53(1): 169 - 187.

[208] Young A. The Razor's Edge: Distortions & Incremental Reform in the People's Republic of China[J]. Quarterly Journal of Economics, 2000, 115(4): 1091 - 1135.

[209] Zheng J, Liu X, Bigsten A. Ownership Structure & Determinants of Technical Efficiency: An Appilication of Data Envelopment Analysis to Chinese Enterprises (1986—1990)[J]. Journal of Comparative Economics, 1998, 26(4):465—484.

[210] Zheng J, Liu X, Bigsten A. Efficiency, Technical Progress & Best Practice in Chinese State Enterprises (1980—1994)[J]. Journal of Comparative Economics, 2003, 31(2): 134 - 152.

[211] Zhou M, Wang X M. Agency Cost & the Crisis of China's SOE[J]. China Economic Review, 1999, 11(3): 297 - 317.

索 引

Z

后　记

本书是我在博士论文的基础上修改完成的。

首先，我要感谢我的博士研究生阶段的导师王满仓教授。王老师在学术上的一丝不苟和生活中的平易近人深深影响了我，使我在科研的道路上不断前行。在学习中，通过例行的讨论会，王老师让我了解到学科的前沿，助我不断攀登科研的高峰；他不厌其烦的讲解和恰到好处的点拨总能让我有拨云见日、柳暗花明之感。在生活中，王老师也给予我无微不至的关怀。可以说，从博士论文的思路提出、大纲确定、初稿修改、再稿修改，到最后的终稿确定，王老师都倾注了大量的心血，没有他，论文的写作和完成都会异常困难。此外，良好的学习环境和充满生活气息的讨论会让我倍感温馨，这些愉快的交流和分享甚至争执都是我生命中的宝贵财富。在这里，我衷心祝福王老师身体健康、生活幸福。

其次，我要感谢我的硕士研究生阶段的导师高煜副教授。是他将我带入博弈论的殿堂，让我以一颗敬畏之心汲取知识的精髓。高老师总能在我焦头烂额之际送来温暖的鼓励和及时的帮助。我还记得在《管理世界》的匿名评审意见回来之时，我茫然不知所措，高老师耐心的分析和细致的讲解帮助我安全渡过难关。

再次，我要感谢刘瑞明、魏婕和吴丰华三位博士。刘瑞明博士独到的见解和深厚的学术底蕴让我钦佩，是他关于国有企业效率独到的见解，帮助我打开思路。刘瑞明博士认真的态度和不厌其烦的抽丝剥茧进行研究的热情让我受益匪浅。魏婕博士和吴丰华博士作为我多年的同学，总是被我当成烦忧郁结之时的倾诉对象，现在想起来十分惭愧，但这份友谊却深深烙在我的心底。

我还要感谢本科时相识的善良的徐波教授和我亲爱的同学们。徐波教授在我陷入人生低谷的时候为我指明了方向，是他告诉我不要轻言放弃，他的鼓励和认可驱散了我寻梦路上的灰暗情绪。本科阶段所建立起来的深厚友谊让我毕生难忘,毕业后的小聚和友人细致体贴的关怀总能让我在夜深人静的时候感念落泪。在此,对他们送上我诚挚的祝福。

细细想来,要感谢的人实在太多了,在此,对所有指导和帮助过我的老师和同学们表示感谢,祝愿他们工作顺利,生活美满。

在我二十余年的求学生涯中,我的父亲和母亲付出了很多。多年来,他们以无疆之爱和辛勤的双手将我带大,没有他们,我怎么可以在浮华喧嚣的尘世中安静地写下这些文字以传递我无以言说的感激?父亲和母亲的良好品格深深影响了我,使我能够心无杂念地追寻自己的梦想,并找到自己热爱的方向——经济学。在此,祝愿我的父亲和母亲身体健康,今后我会以实际行动来让他们平安喜乐,福寿安泰。